童年是阳光下的竹蜻蜓

青春美文精品集萃丛书·难忘童年系列

U0679549

《语文报》编写组 选编

时代文艺出版社

图书在版编目（CIP）数据

童年是阳光下的竹蜻蜓 / 《语文报》编写组选编.
-- 长春：时代文艺出版社，2021.6
（青春美文精品集萃丛书. 难忘童年系列）
ISBN 978-7-5387-6741-4

Ⅰ. ①童… Ⅱ. ①语… Ⅲ. ①作文－中小学－选集
Ⅳ. ①H194.5

中国版本图书馆CIP数据核字(2021)第088007号

童年是阳光下的竹蜻蜓
TONGNIAN SHI YANGGUANG XIA DE ZHUQINGTING

《语文报》编写组　选编

出 品 人：陈　琛
责任编辑：王　峰
装帧设计：孙　利
排版制作：隋淑凤

出版发行：时代文艺出版社
地　　址：长春市福祉大路5788号　龙腾国际大厦A座15层　（130118）
电　　话：0431-81629751（总编办）　　0431-81629755（发行部）
网　　址：weibo.com/tlapress（官方微博）　　sdwycbsgf.tmall.com（天猫旗舰店）
开　　本：880mm×1230mm　1 / 32
字　　数：135千字
印　　张：7
印　　刷：三河市嵩川印刷有限公司
版　　次：2021年6月第1版
印　　次：2021年6月第1次印刷
定　　价：36.00元

图书如有印装错误　请寄回印厂调换

编 委 会

Contents
目 录

藏在生活里的小幸福

童年是阳光下的竹蜻蜓

秋天的颜色

感谢有你

风雨下的成长

童年是阳光下的竹蜻蜓

温暖的手掌

藏在生活里的小幸福

谢谢你为我鼓掌

赖钰嵘

　　第一次上台演讲，是在三年级。我，仅是个"小透明"，并不出色。一次偶然的机会，老师选我去演讲，仅是因为我——声音大。

　　我来到罗老师跟前。罗老师胖胖的，脸上总是挂着笑容，给人亲切的感觉，从那以后，我演讲的准备工作，就由罗老师负责。

　　罗老师将讲稿交给我，我心里有一丝兴奋一丝忐忑。我小心翼翼地读了起来，总是尽力表现得情感饱满、绘声绘色。但由于没有经验，效果并不好，我隐隐地感觉到罗老师脸上的笑消失了一些。我心里有些慌，浑身神经像绷紧的钢丝，等着罗老师批评。

　　罗老师像是看出了我的心思，"你之前没有练习过，这样已经很不错了。"

尽管我知道这可能是在安慰我，听了还是心里暖暖的，想象着电视节目上的演讲，那是多么声情并茂啊，我也可以做到吗？

后来的一段时间，每天傍晚我便跟着罗老师练习，一字一句，都努力地抑扬顿挫。"对，很好。"罗老师总这么对我说。这三个字使我的信心越来越大，有时候甚至不敢相信：那是我？真的是我吗？

比赛那天，上台之前，手心都出汗了，心里好似有只小兔子扑扑跳。我认真回忆，一个个手势，一句句话我都反复琢磨着，生怕哪里出了差错，生怕对不起罗老师对我说过的每个"很好"。

终于我上台了。罗老师在台下前排位置坐着，对我笑。

早已背得滚瓜烂熟的稿脱口而出。情感饱满，声音响亮，声调高低抑扬正适当，手势应该不错，我暗暗地使着劲儿。向台下看去，我发现罗老师的表情会随着我的演讲而改变着：时而瞪大眼睛，时而露出微笑，时而又一脸严肃……他似乎比我还要更专注、更认真。

"谢谢大家！"我向观众鞠躬致谢。

台下响起了掌声，罗老师鼓着掌，脸涨得通红，嘴角向上扬，笑得很灿烂。

谢谢你，罗老师，伴我成长，为我鼓掌。

温　暖

陈亦婧

　　早晨，雾气还未散尽，给整个街道增添了一丝朦胧感。我坐在公车上的长椅上，看着来来往往的行人与车辆，搓着冻得有些僵直的手，哈着气。云朵般的暖流在手上绽开，温暖着全身。

　　在我的身旁，站着一位看上去很年轻的小姐姐。她穿得有些单薄，脸颊粉扑扑的，像上了妆。而她手上提着一个大人的包裹，很重的样子，把她的身影衬得更加单薄。

　　等了好一会儿，公交车的喇叭声从远处传来，我赶忙放下书包掏出一块钱，攥在手上。抬手一看表，呀，快上课了！幸亏来得及时！

　　车上的人可真不少，大多都是学生。我一个箭步跨上了车，将一切抛之脑后，拿了票便靠在一个角落站好。

　　公交车渐渐驶过了一站，一位下车的老大爷从我身旁走过。我下意识一让，后背撞上了冰凉的扶手，我的手往后背一摸——哎呀，我的书包呢！

一定是落在等车的公交车站了！我慌乱地下了车，飞快地往回跑。

路上学生的人影越来越少，急得我眼泪在眼眶里直打转儿。迟到似乎早已成定局，可书包丢了怎么办啊！

终于，我气喘吁吁地跑到了车站。可能是因为太心急了，我居然忽略了帮我拎着书包的那位等车的姐姐，抓起书包就要跑……

"哎，小朋友，你等等！"

身后传来一句银铃般悦耳的声音。我不确定那是不是叫我，但却鬼使神差地回头了。那位姐姐正冲着我摆手，我不知所云，愣愣地站在那儿，她向我走来，说："你去上课要迟到啦，跟我一起走吧！"

一向腼腆的我总是下意识地拒绝："不用了，我……"

不等我拒绝，她便招了一辆路过的出租车，让我上车。

此时我也顾不上害羞，赶紧也上了车，冲着她小声地说了句谢谢，不知道她有没有听到。

车上，她对司机说："先送这个小女孩儿到学校，对了，你在什么学校？"我正对着她的眼睛，脱口而出："××小学。"

　　"哦，真好，刚好顺路。师傅，先到××小学，我到汽车站……"

　　车上摆饰的铃铛"叮叮"作响，窗外的景象飞快地倒退。我不好意思地瞟了身边坐着的那位大姐姐，姐姐对我笑了笑，她美丽的面容是那么的真实与清晰。我心里暖暖的，啊！这是她给予了一个小女孩儿冬日早晨的第一缕温暖。

再远也分不开我们的友谊

亦 一

四年级的时候，班上新来了一个漂亮的女生。她叫晓菲。

我俩是前后桌，她比我矮了半个头，两个人"臭味相投"，无话不谈。很快成了好朋友。

好朋友总是形影不离的，英语课堂上的互动对话，我俩是最佳拍档；体育活动"两人三足"比赛，敢和第一名的男生一比高下；就连向老师请教作业，也是出双入对。魏老师还打趣儿说："你俩就像一对儿双胞胎！"

好朋友总是相互付出的。有时，我会陪她走回离学校不远的家中；有时，她也会陪我等到爸爸的车缓缓向这边开来。周末，我到她家玩儿，还教她弹琴，一首简单幼稚的《小星星》也能让我俩大笑好一阵。闲聊时刻，晓菲奶奶还会给我们送上两袋牛奶。她知道我不喜欢原味的，每次都把草莓味橙子味儿让给我……

时间很快就转到了六年级。放寒假了。那天上午，我接到了晓菲的一个电话——爸爸工作调动，她要随着到厦门读书了！

一时间我竟不知要说些什么。回想起来，之前似乎也听她说过这件事儿，但，我居然没有放在心上，觉得她的话很遥远，只是说说罢了……可……现在，她是真的要离开了！

好不容易！等到了和晓菲约好来我家的这天，当熟悉的门铃响起，早已在客厅等待的我"嗖"地跳起，两步并作一步地跑去开门。

门外，晓菲还像往常一样，穿着一身粉色大衣外套，见到我，笑着拉起了我的手。从门口到客厅的这一小段路，在我轰炸般的提问下也变得长了起来。

"你什么时候走啊？"

"读哪所学校？"

"住哪儿呢？"

"多久回来一次啊？你不会不回了吧！"

……

晓菲瞪大了眼睛，估计是被我一连串的问题问蒙了，她佯装不耐烦地摇摇头，径直倒在我家沙发上，弹着扶手，"不满"地噘嘴说："我大老远来也不先让我坐坐，我才不回来看你呢！"

"好好好，"我一下子被她逗乐了，"你坐，你快坐！快跟我讲讲，你的行程安排啊！"

晓菲打开手机，娴熟地点开备忘录。那一条条，满满当当的行程记录，什么时候出发，大概什么时候到，住处，学校，地址……我一条条地，把手机抓得紧紧的，小心翼翼地读着，仿佛时间都在这一刻静止了。我一边读着，晓菲还在旁边生怕我没看清楚似的给我细说，还说她叔叔要带她去玩，到时候她一定给我带好多礼物，好多纪念品……

假期很快就要过去了，晓菲也和她爸爸到另一个美丽的城市去了。这天，我恍恍惚惚，没精打采，老是盯着手机QQ。傍晚，那个我期盼已久的信息提示铃儿终于来了。晓菲已经到了住处，正要向饭店去，还答应晚一点儿给我打电话……

读着这些信息，我空落落的心又被填满了。"再远也分不开我们的友谊！"晓菲的话在我脑中回荡。我笑了。

课 间 花 絮

俞锡凯

"走过路过不要错过，过了这村儿就没这店儿了！"哎，又是我们班的"啰唆老太婆"沈楠去走廊"宣扬"我们班的"英雄事迹"。不过，说起来我们班的课间就是独特，放慢来看就是一篇——课间花絮。

瞧，我们班的"小迷糊"江孟泽又开始胡说八道了；体育委员——廖炎辉和"运动健将"沈家乐、谢宝锜发生了一场"世纪篮球之争"；"小张继科"李靖和"小马龙"卢伟强开始你来我往，不分上下了；"大嗓门"陈思琴朝着江孟泽使出了"狮子吼"……

一些女生则不像男生一样，她们都提前准备着下节课的内容；还有些女生天生就好动，"啊！"一听，就知道江宇晨又被好动的黄雅涵和她的"姐妹们"给"群殴"了，那画面真是惨不忍睹。

班长——李瑶就属她最好学，下课不紧不慢走向老师，提出她在课程中的一些疑问，老师也耐心详细地给她讲解，如果还有不会的，她便会请教"朱老师"朱旭雯；"朱老师"朱旭雯是我们班最天真活跃的女生，声音高亢，语速惊人，让人"敬佩"。

　　而我"鬼马小精灵"也不是浪得虚名的。我站到讲台前，摊平手中揉皱的纸，大声叫道："本天才新出炉的诗，来看看！"胆大的巫伟杰接过我手中的诗，一本正经摇头晃脑地读着："暗石竹，暗石竹，暗石一枝大春竹……"。巫伟杰竖起大拇指，赞赏道"好诗！"我心里暗暗窃喜：没看出来最好。趁这个时机，我溜之大吉。被我骗过的李靖，不忍心看着巫伟杰被骗，把诗的意思告诉了他。巫伟杰气得"怒发冲冠"，直奔我来，我见势不妙，如同兔子一样疾跑，可最后还是给追到，屁股给打开了"花"……

　　这就是我们班独一无二的"课间花絮"！

打开窗子好心情

揭钰萍

我的小书屋，有一扇窗子，轻推窗子，放眼望去，窗外的风景总是那么平淡无奇。

晚上，我"收拾"完作业，都会习惯地拉开窗。习习凉风迎面吹来，轻轻拂过我的脸颊，让昏沉沉的我顿时清醒了许多。我下意识地抬起头向窗外望去，对面耸立的高楼隐约透着灯光，微风吹拂树叶一起合奏着交响乐，还有阵阵蝉鸣，一切都显得那么和谐。天幕上还挂着几颗星星，它们都在努力发光，争取成为那颗最亮的星，却不知这一切都成了"众星捧月"。看完，令我顿时把疲惫抛到九霄云外，心情更是有说不出的愉悦，原来我最熟悉的景象也可以这么美丽！

开窗放眼望去就令我清爽不已，成了我放松减压的好方式。

前几天，我与同学闹了别扭，回到家，我甩开书包，猛地推开窗子，怒气冲冲，正想说一些污言秽语却又被窗外的景物迷倒，那些话被卡在喉咙里，无法倾吐出。窗外，毒辣的太阳肆意地照耀着，连空气都洋溢着热浪，而那些树木却越发地绿，越发地亮。好像什么都阻止不了，只有到了秋季才愿意慢慢凋落，无声无息，最终成为"光杆司令"。那我呢？总是为了一点儿小冲突就要孤孤单单吗？不，也许我应该大量点，没必要为了些鸡毛蒜皮的小事和同学斤斤计较，破坏友谊。我的心情逐渐变得愉快起来，就像乌云遮挡了太阳，却又被风吹散，一切都变得明朗起来。

　　我的小书屋，有一扇窗，是它让我在迷茫中做到自我调节，抛却烦恼，拥有那份属于我的好心情。

朴实劳作是一种美

黄烨韬

每年的夏天我都会回到外公外婆家住上一小段时间。家在农村的他们至今还种有几亩水稻。夏天是个收获的季节，但我发现，对于像外公外婆一样在地里劳作的人们来说，夏天却是一个残忍的季节。

外公外婆家的水稻在七月份就成熟了。一大早，天微微亮，我就和他们来到了水稻田。黄灿灿的谷穗，可好看了。我发现水稻田是干的。经他们告诉我得知，为了收割水稻，地里的水在半个月前已经被排干了，这样的目的是为了降低收割的难度。

外公外婆立马就忙活了起来。他们歪着腰，驼着背，伏着身子，用手中的镰刀将水稻一株一株地割下。割下的水稻被捆成一捆捆，然后放置成整齐的小堆。几个小时内，外公外婆就如此艰辛的"磨刀霍霍向水稻"。割下的水稻数量达到一定程度之后，就需要用扁担挑，或者是人工抱，将他们送到脱粒点的打谷机的两旁，进行集中放置，一来方便脱粒，二来如果有风雨来的话可以用雨布盖起来。

接下来就是借助打谷机对稻谷进行脱粒。外公外婆家的打谷机还是老式的那种，需要用脚蹬踩的。我看得到，他们使着全力在踩踏板，为的是尽可能让谷粒脱离水稻。在脱粒的时候灰尘极大，他们没有戴口罩，更没有带防护眼镜，稻谷跟子弹一样往四面八方乱飞。外公外婆叫我不要靠近打谷机，怕我被弹出来的谷粒划破脸之类的。但他们自己却承受着谷粒的击打。稻谷脱粒完成后，就要借助一个大大的过滤筛子把杂物给剔除，然后将稻谷装进事先已准备好的大袋子里。最后用扁担将他们挑回家。

夏日的天气，骄阳似火，在接近四十度的气温下，空气里仿佛充斥着一小团火。田埂上的小草蔫了，排水渠不远处的松树的树枝也耷拉着脑袋。外公外婆汗流浃背，而我几乎没干活就热得像只小狗吐着舌头，沉重地喘着粗气。

农忙的时节里，外公外婆以及许多像他们一样的人们，几乎每天都要进行这些朴实的劳作。汗水是他们劳作时的陪伴，弯腰驼背是劳作在他身上留下的痕迹。但我觉得他们的朴实劳作是一种美。

感谢那个陪我成长的人

李玉榕

黯淡的星空有孤独的月陪伴；无边的大海有成群的鱼陪伴；海中的帆船有明亮的灯塔陪伴；而我有温暖我心田的母亲陪伴。

母亲十月怀胎，只为生下一个"累赘"；母亲辛劳工作，只为孩子能有更好的生活；母亲无声地守候着自己的孩子，爱就是这样美丽。

记得是一个星期六，我因为在同学家玩游戏，忘了时间，很晚才回家。漆黑的夜空，只有灯儿在努力撑起光明，道路上偶尔开过几辆车，冷风吹过，我不禁加快了脚步，心里不停地敲起了鼓："这下完蛋了，回家要挨打了。"

到了我家楼下，楼道里一片漆黑，我有些害怕，于是下意识地抬起头看了看我家，还好，我家依旧灯光明亮。我三步并作两步走，跑上楼，门是半掩着的，只见妈妈正似睡非睡地靠在沙发上。看见我回来，妈妈急忙站起来，对我说："儿子，回来啦，你没吃饭吧，厨房里还有饭菜，我这就热给你吃。"没想到母亲竟还没有睡，还在等我，我不禁有些感动。走神之间，母亲已经把我拉到餐桌前，给我盛了一碗饭，端了几盘菜放到桌上。我吃着吃着，泪不禁掉了下来，看着妈妈有些憔悴的面孔，看着桌上的热饭热菜，想起了小的时候：我做了坏事，妈妈满是诚意地向别人道歉；我生病时，妈妈没日没夜地守在床前照顾我；我成绩退步时，妈妈耐心地教导我……想起了太多太多，已不记得妈妈为我做了多少事，为我付出了多少汗水，我的心里对妈妈充满了感激和愧疚。放下碗筷，我走到妈妈的跟前，惭愧地对妈妈说："妈妈，对不起，我错了，我保证以后再也不贪玩了！"妈妈摸着我的头，语重心长地说："认识到自己的错就好，记住，以后要按时回家，不要让大人担心。赶紧去睡吧，时间不早了！"那夜，我失眠了，不知是因为愧疚，还是因为感激。

天上的月，水中的鱼，海上的船和灯塔，它们是互相陪伴，彼此温暖着对方的。母亲用她的青春陪伴我成长，我心存感恩，感恩母亲带给我生命，感恩母亲为我的辛苦付出。

感 谢 有 您

陈诗岚

　　花朵感谢暖暖阳光的呵护使它绚丽绽放，雨露感谢朵朵浮云的陪伴使它飞舞，鱼儿感谢滔滔大海的包容使它自由。而我要感谢您——爸爸，因为有您的关爱与包容，让我感到无比幸福。

　　我曾看过一篇文章，内容讲的是富养让你的女儿更自信，"穷养儿子富养女"也许您深信这一点，所以您对我可以说是百依百顺，只要我的要求不过分，您都会尽量满足我。记得那是一个寒冷的早晨，您早早地给我准备了一碗面条，而我却嫌面条没味道不好吃，坚决不吃。宠爱女儿的您，二话不说就披上外衣，到楼下小吃店给我打来了一碗热腾腾的兜汤，我一边吃一边还调皮地说："老爸真好！老爸真听话！"您微笑着摇摇头说："捣蛋鬼！快吃吧，要迟到了！"

还记得有一次，我考试考得很差，我不但不知自我反省，反而回到家还无理取闹起来，责怪爸爸学历不高，没办法给我辅导功课。您听了我的话并没有火冒三丈地训斥我，只是长叹了一声，默默地走开了。待我冷静下来，您才语重心长地说："孩子，学习是要靠自己的，既然你知道爸爸文化程度不高，没办法帮你，那么，你在课堂上就应比别人更认真，只有这样，你才可能比别人学得更好。"

　　记忆中，像这样的事还有很多很多，我无情地伤害了您，您却一再地包容我，关心我，帮助我。爸爸，您就是我人生中的灯塔，生命中温暖的港湾，不论我前方有多少险阻，您都会为我披荆斩棘，告诉我"挫折是人生的垫脚石，而不是绊脚石"……

　　从前，我一直抱怨自己不幸福，没有一个富裕的家境，没有一个高学历的爸爸，没有一个光鲜亮丽的妈妈……而现在想想，我是多么的愚蠢，不说别的，单说能拥有您这样一位包容我、关心我的爸爸，就是人生之一大幸事。在这里，我要大声地对您说："爸爸，感谢有您，我的人生才充满了阳光与温暖！"

感谢生命中有它们的存在

巫思琦

你可曾记得，头顶这片蓝色的天空，曾给予你无限的遐想；脚下这片浑厚的土地，曾给予你无限的快乐；路边那朵绽放的小花，曾给予你生命的美妙……这些都是大自然给予我们的恩惠，我们应感恩自然。

走在家乡的小路上，看着那一幅幅生动的画面，不由得产生了遐想：一朵朵小花在路边绽放，像一个个花枝招展的小姑娘，正顽皮地冲你笑呢！它们的好朋友——蜜蜂、蝴蝶也都赶来了，它们在花上飞来飞去，嘴里还"嗡嗡"地叫着，像是在赞美身边的小花——你们真美呀，你们真香呀！微风吹过，小树也不甘示弱地扭起腰来，似乎在说"你们看，我的舞姿多美呀！"树上的鸟儿见此情景，也耐不住寂寞了，纷纷飞到地面上来，还"叽叽喳喳"地唱起了歌儿……这是多美的一幅画卷啊！

我继续往前走，一片绿茵茵的草地映入眼帘，在上面坐着、躺着、捉几回迷藏、踢几脚球……那真是悠闲、惬意极了！

微不足道的小草都这样美好，那高大浓密的大树还用说吗？那枝繁叶茂的大树，就像一把把大伞，为我们撑起一片绿荫，在绿荫下一边纳凉，一边谈天说地，那真是一种享受。

在美丽的自然界中，最为打动你的，或许是那令人陶醉的自然美景，或许是那令人爱恋的小动物，它们给我们带来美的享受，带来快乐。我们在享受大自然的恩惠之余，我们也要尝试着去了解它们，其实自然万物所表现出来的情感与我们有许多的相似之处，有的甚至更为强烈，更加美好。与它们相比，我们所显现出来的人性的弱点，更值得我们去思考和反思。

让我们以一种新的眼光和态度去看待和对待自然与生命，将自己视为自然的一部分，将自然万物视为朋友和伙伴，怀抱着一颗感恩的心去对待天空、大地、阳光，甚至是一棵矮小的小树，一朵无名的小花……感谢生命中有它们的存在！

感 恩 自 然

罗 炜

　　我们每天都享受着大自然的恩惠，但很多人只知道向大自然索取却从来都不懂得去回报我们的大自然。

　　回到了美丽的家乡，深吸一口清新的空气，整个人顿时感到神清气爽。"好不容易回来一次，我要做些有意义的事。"心里想着，我不知不觉走在田野小道上：微风，温柔地抚摸着我，我感到内心一片宁静；阳光，倾泻在我身上，给我温暖。在耀眼的彩色光芒的照射之下，一切不美好的事物都成了泡影。路边开放的小花，虽没有牡丹花高贵，没有百合花纯洁，但是也争奇斗艳，竞相开放。"家乡的自然环境真美啊！"感受着自然环境的美好，我情不自禁地感叹。大自然给予我们恩惠，我们应心怀感激。那么我们该为美化家乡的环境做些什么呢？

　　我走到了爷爷家的小竹林，小竹林比以前更青翠了，地上似乎又将随时冒出一个竹笋，慢慢长大，为小竹林再添一份绿色。忽然，我看见小竹林最深处有人影，心想：那边是一处空地怎么会有人呢？我好奇地走了过去仔细一看，原来是表哥和爷爷。此时，这片空地不再是空荡荡的，地上很湿润，还有好多刚刚破土而出的小芽。我问表哥："这是怎么回事？"表哥说："半个月前，爷爷看这里有一块地，决定种些小树，绿化环境。"我一听，眼前一亮：这不就是回报大自然的一种方法吗？于是，我说自己也要加入。表哥马上就答应了。爷爷过来了，知道我要一起来绿化环境，很欣慰，并分配给我任务：浇水。想着过了大半年后，小芽就能长成茁壮的小树，小树又会慢慢地变成大树，为大自然又增添了一份生机的情景，我干劲儿十足，有使不完的劲儿。

美丽的大自然对我们恩情无限，为了我们这共同的美好家园，我希望每个人心怀一份感恩，付出一份行动，让大自然更加美丽！

美丽家乡我的梦

黄　薇

在闽西北有一座山区小城，依山傍水，小河环绕着城关，缓缓流趟着。这就是我的家乡，素有"内陆鼓浪屿"之称的山区明珠——××市。

这里虽然没有林立的高楼大厦，也没有很宽敞的道路，但是环境优美，街道整洁，空气清新，处处绿树成荫，小花、小草在阳光的照耀下茁壮、快乐地成长。龙津河的河水清澈见底，成群结队的鱼儿在水中欢快地嬉戏。河边妇女们一边洗衣服，一边聊着家常，时而发出爽朗的笑声，似乎在与河里的鱼儿同乐。到了晚上，九龙广场上灯火辉煌，音响里播放着《最炫民族风》，男女老少排着整齐的队伍，随着欢快的音乐翩翩起舞，他们跳得不亦乐乎。在这欢快的音乐声中还夹着另一种声音，仔细一听——原来是滑轮的声音，孩子们也跟着这欢快的音乐滑起了滑轮，这两种声音配在一起，真像一曲美妙的交响乐。

但随着一座座高楼大厦拔地而起，建筑垃圾随处可见，街道上川流不息的车流，卷起满天灰尘，肆无忌惮地喷放着废气，污染着空气。另外，一些不文明行为也在破坏着环境。有的人为了走捷径，竟然踩踏草坪，小花、小草都被踩得直不起腰，耷拉着脑袋。街道、草坪、广场等地方经常躺着许多"流浪"的宣传单、零食袋、饮料杯、塑料袋、烟头……墙上贴满了一张又一张花花绿绿的广告纸，这给原本漂亮的墙留下了一道道丑陋的伤疤，就像长了"牛皮癣"一样。工厂里未经过处理的废水被排放到河里，使龙津河的河水不再清澈见底，而是变得浑浊不堪，又脏又臭，再也看不到欢快的鱼儿了；再也看不到妇女在河边洗衣服的景象了。最令人讨厌的是工厂里排放出来的黑烟，它们不但污染了空气，破坏了环境，更损害了人们的身体健康。

从前的青山绿水、鸟语花香，已成为了我的记忆。

看到周围的环境变成了这副模样，我为此感到非常心痛。我想：作为青少年，应该增强自己的环保意识，积极宣传环保知识，不然我们的生命终有一天会毁在自己手里。

保护环境，人人有责。我们应该从自己身边的小事做起，例如：不乱扔垃圾；不随地吐痰；把那些"流浪"的垃圾们一一送回家；不让漂亮的墙留下丑陋的伤疤。

"美丽家乡，我的梦。"我们是这座小县城的主人，让我们行动起来，共同建设我们美丽的家园，共享美丽风光！

我 爱 家 乡

童 菲

"山海一体，闽台同根，民俗奇异，宗教多元。"这句俗语说的正是我们美丽的福建。在福建，有许多名胜古迹：散落在崇山峻岭间的客家土楼，横架在深山沟涧的木拱廊桥，防洪抗旱的木兰古坡，人鱼相亲的鲤鱼溪。在这片土地上，还有我美丽的家乡，她以独特的、美妙的情境，吸引了广大游客。她就是山区明珠——我的家乡。

我的家乡坐落在武夷山的南侧，九龙溪上游，东临永安市，南接连城县，西北与宁化毗邻，东北与明溪县接壤。因家乡清溪环绕碧水萦回，故名清流。她资源丰富，历史悠久，人杰地灵，是著名的客家祖地之一。全县客家风情浓郁，生态资源丰富，是创业者的乐土。

谈到家乡，就不得不说一说"一湖一洞二泉三山四景"了。这"一湖"说的便是九龙湖了，九龙湖湖水清澈见底，蓝的纯净，蓝的深湛，也蓝得温柔恬雅，像蓝绸缎似的，美不胜收，使人烦躁的心情不由得平静下来。"一洞"乃九龙洞也。这里春天山花烂漫、姹紫嫣红、鸟语花香、万物争荣；夏季山清水碧、林木葱郁、气候清爽宜人，实为避暑胜地；秋天满山霜叶可与香山红叶比美，云山雾海，如临蓬莱仙境；冬天白雪皑皑，宛如仙境。"二泉"不用猜就知道是温泉和冷泉了。在清流如果觉得炎热就去冷泉，寒冷就去温泉，这一年过得那叫一个舒坦啊！"三山"指的是灵台山、大丰山、北斗山。灵台山是佛山圣地，是世称"客家摇篮"的宁化、连城、长汀之中心枢纽。大丰山巉岩峭壁，险境雄奇，相传古时欧阳真人在此修炼，道成身化为岩。大丰山山中野生药材品种甚多，俯拾可得。故有"丰山风景好，满山都是宝"之谚。北斗山位于嵩溪镇，因七座紧连排列如北斗七星走势的石峰而得名，每座石峰和岩石都步移景换，自成一景。"四景""毛泽东旧居""景秀园林""玄武岩""赖坊古民居"。这些地方美轮美奂，美丽极了。民族英雄文天祥曾赞扬过她"山高不碍乾坤眼，地小能容宰相身"。如今看来真不错。

家乡景物如梦幻般美丽，但美食更生动有趣。家乡的豆腐皮表面光滑，色泽乳白微黄光亮，风味独特，是高蛋白低脂肪不含胆固醇的营养食品；美味的沙芜鱼干，那使人回味无穷的鱼肉，撕来扯去，让人在香味的梦幻中如痴如醉。

景物美食花样多，家乡祖地人才多。

唐朝开国元勋丞相萧瑀，明朝吏部尚书裴应章，我国著名的军事防化专家黄新民，中国大提琴奠基者王连三等历史精英的祖籍都在我的家乡。

我的家乡美丽富饶，我爱我的家乡。

家乡巨变

赖丽娟

亲爱的姑姑：

您好！好久没给您写信了。今天，我要跟您说一说我们家乡的变化。

说起家乡的变化，家乡人总是满脸幸福地说："时代不同了，国家政策好啦，人们的生活也越过越好了！你看，呈现在我们面前的是一座座耸立的高楼，景色宜人的步行公园，就连高速公路也修到家门口啦……"

家乡发生了翻天覆地的变化。几年前，我们家楼下的公路旁，除了石头砌的栏杆和浑浊的溪水，我实在是没有什么别的好印象。而现在已改变了当年的模样：以前那泥泞的小路和杂草丛生的菜畦，现在已经被开发成风景宜人的九龙广场和永顺花园，这不仅美化了家乡的环境，还丰富了人们的娱乐生活。

　　九龙广场的清晨真是迷人：龙津河上水波荡漾，和风吹拂，老人们纷纷拿起扇子操起剑，呼吸着新鲜空气，怡然自乐，好不畅快；花圃里的花争奇斗艳，竞相开放，粉的像霞，白的像雪，红的似火，黄的似金，格外美丽；草地上的露珠晶莹透亮，像珍珠，像水晶，我都不忍心去碰，生怕破坏了这美丽的景致。这时，平静的河上，偶尔一叶小舟轻轻地划过，留下一道道水痕……人们一边欣赏着美景，一边锻炼着身体，好不惬意！

　　到了晚上，永顺花园和九龙广场就更热闹了。劳累了一天的人们，都喜欢到永顺花园放松放松：他们有的携手漫步、有的促膝而谈、有的嬉戏打闹……热衷舞蹈的人则会选择九龙广场，在音乐喷泉和喷吐清香的花儿的陪伴下尽情舞蹈，个个婀娜多姿，脸上洋溢着幸福的微笑……以前哪有这么好的休闲条件，顶多就是散散步逛逛街而已，现在人们的幸福指数提高了不少啊！您说家乡的变化大吗？

　　家乡与时俱进，正大踏步地往前走。欢迎您回到家乡来走一走、看一看，您一定会为家乡的变化感到自豪的。

　　愿您青春永驻，身体健康！

赖丽娟

×年×月×日

幸福的味道

赖佳曦

"哗啦啦……"望着窗外的大雨，听着雨点打在窗上的声音，世界渐渐模糊，眼里却渐渐浮现出她的身影——我当年的好朋友"妮"。可自从那次分别过后，我们似乎就失去了联系，只留下思念在心间！

记得那天，也是下着雨，我俩约定出来玩，不管天气如何都不会影响我俩在一起的心情！我们见了面，雨中漫步到了奶茶店，点了两杯一样的奶茶，无须任何语言，静静地对坐着，细细地品着奶茶暖暖、甜甜、腻腻的味道。过了许久，妮犹豫了一下，还是轻轻地对我说了一句："我爸妈工作调动，我可能要转学了！我……可能……不能再和你在一起了……"说完后，她低着头，双手紧紧地握着杯子沉默着！听了她的话后，我才发现这样的天气，真符合我们现在分别的情景，就连手中的奶茶也变得无味起来！我俩含泪的笑脸看上去似安慰，又似回应，更多的是内心的依依不舍……

时光荏苒，一去不复返！转眼一年多过去了，在这段时间内，我们都没联系！经过时间的冲刷，这份友情也似乎淡淡飘散……

"嘀嗒……嘀嗒……"又是一个下雨天，妮的影子又不由自主地浮现在我的脑海，点点滴滴没有随着时间的流逝而淡去……正在这时，我收到了一个陌生号码的短信，我定睛再看，没错，就是她，一定是她！因为除了她没人知道我俩的那条联系暗语，也没人知道我俩之间的小秘密！"老地方见"，我的天！真好！

第二天，依然下着小雨，可是这一点也不影响此刻我的心情，忽然觉得雨也变得可爱起来，滋润着我许久阴郁的心情！一大早，路过曾经的奶茶店，我笑了，果断地买了两杯一样的奶茶，茶在手里，暖在心间！见了面，我把奶茶递给她，她接过奶茶，看了看我，又看了看手中的奶茶，笑了起来。我俩就像傻孩子一样，没说话，看着彼此，边笑边流泪，只是此刻我们才发现，我们之间的友情并没有随着时间的流逝而淡去，反而像烈酒越长时间越淳厚……

那天我品尝到了幸福的味道——奶茶中的奶与茶，它就像是友情与幸福融合出的生活中的"奶茶"。我想，这种"奶茶"的味道在生活中应该很常见吧：暖暖的，甜甜的，一点点腻，但却很开心！我想这就是幸福的味道啊！

梦想——我的幸福之花

杨　颖

"人生最大的快乐不在于占有什么，而在于追求什么的过程。"人的一生充满了梦想，也正是梦想，让人生充满了源源不断的动力。于是逐梦的人，无论生活多么艰辛，从不言弃。

当我牙牙学语时，我的梦想是做一名勇敢的军人；

当我跨入小学的校园时，我的梦想是成为一名光荣的人民教师；

现在，我的梦想是当一个潇洒的旅行画家。

万事开头难，做个画家可不容易。自从种子在我心中生根发芽，我就一直为此灌溉。从很小的时候起，我就报了美术兴趣班。从最基本的正方体到复杂的瓶瓶罐罐；从器官的细腻勾画到人体的精细速写……每一笔色彩，饱含着无数春夏的汗水。

　　记得那年冬天，寒风凛冽，当他人围坐在暖气前畅聊时，我坐在画室冰冷的塑料椅上，忍着严寒，倾注着我的热忱。在这样的天气，一坐就是一天，不知疲倦。手冻得通红，眼睛也累得充满血丝。可站远来欣赏自己的作品，于我而言，又何尝不是一种快乐呢？

　　从当年笔都握不住的新人，到如今画技精湛的小画家，虽艰辛，却颇有成就感。试想一下，当你的作品被高高挂起，让行人都驻足观望，是一种多么幸福的荣耀。

　　河流不经过颠沛流离，怎能汇聚成浩瀚无边的海洋？对绘画的热爱是我的动力源泉，有这份力量，定会使我的梦想绽放缤纷的幸福之花。

藏在生活里的小幸福

赖心璐

有人说"幸福是成功时的'春风得意马蹄疾'",有人说"幸福是绕过人生迷宫时的'柳暗花明又一村'"。而我却认为：幸福啊，平平淡淡才是真。有时候，刹那间的一点光一点暖，都可成为生命中永不消散的幸福。

沿着时光的脚步追溯，我想起了最初的那份小幸福：

那一段时间，我对水粉画异常痴迷，已经到了"走火入魔"的境界。那天，与好友七七约定了在图书馆见面，让她指导我这个"画场小白"。为了这个约定，我提前了半个小时，早早来到图书馆门口。可是，天总是那么的不尽如人意，前一秒还晴空万里，后一秒却倾盆大雨。时光在毫无顾忌地流逝着，雨还在肆无忌惮地倾泻着，路上行人寥寥无几，街边店铺冷冷清清。转瞬间，已经五点半了，可街头还未见她的身影，耳畔边也没有她那熟悉的声音呼唤我的名字。她可一直都是个守时的人呀，可今天……

路人一个一个从我眼前闪过，雨在伞周边形成一道道雨帘，天地间白茫茫的，怎么也不见我期盼的人。"也——也许她不会来了吧"我喃喃自语。"也对，雨这么大，她来了，一路多危险啊！"我想尽办法为她开脱，也许是在说服自己，可无论如何我死都不相信她会不守信，颇有一种"不撞南墙心不死"的信念。

可正当我心灰意冷之际，耳畔响起了那熟悉的声音，是七七！我猛回头，一个没有伞的女孩儿在雨中狂奔。

"七七，你怎么这么迟啊？"我以略带责备的口气问到。

"喏，你前天不是想要一盒固体颜料吗？我寻思着你今天可能要用，找了好多家店才买到的。"说着七七便把那一盒固体颜料递给了我。刹那间，一种说不清道不明的情绪在胸腔中游走，便是觉得我的眼眶片刻间模糊了起来：七七啊，这只是我的一句玩笑话罢了，却让你如此在意啊？唉，你真是个傻丫头！

此刻心中有一股暖流穿过，嗯，这就叫幸福吧。漫长岁月中，哪怕只有一个朋友、亲人的关怀融入过我们生活的刹那，所有时光便都有了意义，不管风起雨落，长路夜路，那份幸福，那份爱，成为念念间最美的心灵家园。

幸福就在我们身边

肖雅雯

　　幸福就像一缕温暖的阳光，照亮着我们的心灵；幸福就像一朵盛开的花儿，让心灵的花园充满着芳香；幸福就像一支画笔，勾画出人们美好的心灵。幸福，就在我们身边。

　　还记得那是一个周日的早晨，家里只有我一个人，为了消磨时光，我从书架拿出来了一本新买的书——《拥抱幸福的小熊》，翻了起来。

　　这本书讲述的是一个充满爱的故事。

　　主人公小念在童年时代，家庭遭遇了重大的变故，变成了一个自闭的女孩儿。陪伴和安慰她的，是一只泰迪熊和一个有一点特别的男孩儿霍雨欣。在一场车祸后，小念虽然安然无恙，却丢失了陪伴着她的小熊。小念在医院认识了林医生，林医生送给她温暖的微笑，还有泰迪熊，并

藏在生活里的小幸福

告诉她："拥抱泰迪熊就是拥抱幸福！"小念出院后，生活越发的黑暗起来，在学校里她受尽了欺负，度日如年。

小念很想念林医生，经常偷偷地去看望他，并且在霍雨欣的帮助和鼓励下，小念一直孩子气地等待着林医生，等待着林医生所许诺的小熊和幸福。

转眼间，小念已经长大了。终于有一天，童话般的奇迹发生了，经过了几件事，小念和林医生成为朋友。后来，林医生出国了，小念的妈妈也去世了，小念和林医生的姐姐生活在一起，并且，她也拥有了许多朋友。

当我阅读完后，泪水已经溢满了眼眶。

其实我们的生活比小念幸福得多，我们有父母的疼爱，有真诚的朋友，还有老师的悉心教导。可是，我们却看不到这些幸福，相比小念，她是有多么渴望能拥有这些呀！

其实这个世界是充满爱的。这些爱，这些幸福，就在我们身边，我们只是缺少了一双发现爱的眼睛。幸福，其实就在我们身边。

秋天的颜色

幸福是什么

黄　欣

幸福是什么？每个人对幸福的定义都不一样，幸福在每个人心中的分量也不一样。

幸福是什么？幸福就是吃得饱穿得暖。对于那些不富裕的人们来说，能吃得饱穿得暖，无疑是幸福了。因此，他们没日没夜地工作着，就是为了让家人过上好日子。只要能让家人过上好日子，再苦再累都值得，家人幸福，这些人也很幸福。

幸福是什么？幸福就是让每一天过得都很充实。物质上的满足，并不能代表精神上的满足。想要过得充实就得脚踏实地地过好每一天，如果你每天都很充实，很快乐，那么，你一定会感到无限的幸福。

幸福是什么？幸福就是懂得珍惜。在人生的道路上，有许多的东西不被珍惜：学业、亲情、甚至是生命……许多的人只知道浪费，他们去浪费粮食，浪费时间……他们都不懂得珍惜，只有失去以后，才知后悔莫及，倘若大家都不懂得珍惜，谁会明白什么是幸福呢？

幸福是什么？幸福就是和家人团聚在一起。尽管这很平凡，但在这世上，除了亲情还有什么会令人牵挂呢？亲情是必不可少的，亲人之间的血缘关系也是割舍不断的，我们往往最牵挂的也是他们了，大家能团聚在一起是一件很幸福的事。

幸福是什么？幸福不是荣华富贵，而是充实过好每一天，懂得珍惜，和家人在一起，这就是幸福！

秋天的颜色

零点幸福

钟 嘉

关于什么是幸福，一千个读者眼中有一千个哈姆雷特——

医生说："幸福是看到病人康复后的笑容。"

农夫说："幸福是秋天那一片金灿灿的麦田。"

父亲说："幸福是看到自己孩子活蹦乱跳、充满活力的身影。"

而我说："幸福其实很简单，有时会化作一杯热茶抑或是一句关切的话语。"

七年前，我是个不谙世事的孩子，你是将我捧在手心的男人。

记得刚上小学的我，爱上上学路上的那段时光。我坐在那辆"老坦克"上，靠在你宽厚、温暖的后背，欣赏沿途的风景。夏日，你的衬衫会渗出汗迹，透过衬衫嗅出淡淡烟草香的是秋季；冬日，你的羽绒服在阳光下蓬松而柔软。一年四季,时光在变,风景在变,只是你高大的身影一成不变。"老坦克"到站,我跳下车,你为我背上书包,我转身蹦蹦跳跳走进教室,谁也没说再见,其实我知道,你并没有走,你总是把头颈伸得老长目送我走进教学楼,直到没了身影。你才一看表,把你的"老坦克"骑得叮咣作响急迅驶向你的单位。你总是把自己弄得满头大汗为了多看我一眼。是的,这些我都知道……

七年后,我是一个想要独立空间的叛逆女生,你依旧是将我捧在手心却敌不过岁月的男人。

我房间的门不知道从什么时候开始就总是关着的了,这也隔断了你走向我的路。已近凌晨,我被手上的几何题"折磨"得心力交瘁。草稿纸用了一张又一张,遍布在房间四周,门是虚掩着的,其实我是知道的,你几次在门前徘徊想进来,但看着门前的牌子,你却选择在门外默默地凝视着我,你的目光是如此温柔,记忆中高大结实的肩膀从未流露过的温柔。但时光,将你磨成一个"小老头",你的眼神竟有慈祥,宁静如一剂镇静剂将我浮躁的心慢慢安抚下来。是的,这些我都知道……

记不住似水流年,逃不过此间少年。

你总是以各种姿态注视着我,我也早已习惯有你的存在。虽说你没有给我那么优越的生活,但我依旧幸福,依旧爱你,就像曾经看到的一句话:

大车没什么了不起,里面没有爸爸。

一段距离,一种凝视,一生守护,这就是幸福。

幸福的唠叨

赵衍强

我总是觉得自己经是老大不小了，可是生活中却依然沐浴在母亲唠唠叨叨的关爱里，怎么也走不出来。不过，那件事中的唠叨却让我感到十分幸福。

要上课的日子里，每天，天刚刚亮，都是这样的节奏——

"快起床吧！我已经做好了早饭。"

"先喝点水再吃。"

"慢点吃，别噎着了，时间来得及！"

"你的水壶装水了吗？"

"路上千万要小心啊！"

……

每天，我都要饱受妈妈没完没了的唠叨"折磨"之后，才能去上学。

好不容易周末了，我想帮助妈妈拖一拖地。可妈妈又来了——

　　"你学习那么紧张，怎么能耽误！快去做功课吧，地我来拖！"

　　"儿子，你年龄再大，都是我的儿子，等我老了，你和妹妹长大了，我就不用操心了。"

　　"现在这个社会不断地在向前发展，将来要有文化、有本领才会出息，才能为建设祖国添砖加瓦，我只想让你多用点时间读书，多掌握一些知识，将来考上了名牌大学，找个好的工作，为祖国繁荣富强增添光彩！"

　　……

　　面对她的唠叨，我竟然无言以对，只觉得一股暖流溢满了全身，一种信念和动力叩击我的心扉，抒怀的话语激荡在我心底："妈妈，我会努力的，我绝不会让您失望的！"

　　哦，妈妈的唠叨，真让我感到幸福。

感 受 幸 福

杨斯宇

幸福到底在哪里？

当你从母亲手中接过一杯热茶时，你会在温馨中体会幸福；

当你考试失利得到朋友安慰时，你会在友情中体会幸福；

当你在路上失足摔倒一位陌生人将你扶起来时，你会在和谐中感悟幸福……

原来，幸福就藏在点点滴滴的生活中，你不细心是感受不到的。

从前的我就是一个不懂得感受幸福的人，更不用说珍惜幸福了。但有一件事改变了我。

那是一个漆黑的夜晚，晚风吹过，给人感觉刺骨的寒冷。就在这样的一个夜晚，我发高烧了。我狂躁地躺在床上，身上好像有许多蚂蚁在爬行，全身毫无力气。母亲在床头时不时地给我换头上的冷毛巾，父亲则在床边来回地踱步。

许久过后，沉默不语的父亲说了一句话："我送儿子去医院吧，我们这样也不是办法啊。"母亲迟疑了一下便同意了。当时，家中没有小轿车，只有一辆摩托车。父亲和母亲帮我穿好衣服，把我扶上车。我坐在父亲的后面，小手紧紧抱住父亲。冷风瑟瑟地刮着，可是我却一点都不冷，因为父亲的背好温暖啊。父亲飞快地骑着摩托车把我送到了医院，帮我办好了住院手续。静静地躺在病床上，我望着父亲的脸，我发现，他的脸略显苍白，嘴唇干裂。父亲只对我说了简单的四个字："睡吧，孩子。"我很快进入了梦乡。第二天，我睡醒了，母亲也来了，看着他们布满血丝的眼球。我的心颤动了一下，心里有一种无法表达的感觉。

这就是幸福的感觉吗？因为我分明就在那一刹那感觉到了幸福，美好的幸福啊……

一次简单的住院经历，让我明白了幸福是什么。幸福有时是一种给予，有时是一种拥有，有时是一种期待。幸福是收获，幸福也是付出；幸福是荣华富贵，幸福也是无忧无虑……幸福就藏在日常生活中，需要我们仔细地感受，细心地体会，耐心地回味。

夏 夜 听 雨

周语嫣

今天的夜，还是昔日一样的平静。站在窗口，看万家灯火的美好，听着蛐蛐的鸣叫，任一切世俗都落于心底，凭思绪在无边无际的夜空中飞行。没有人会打扰这美丽又难得的意境。

当一只无名小鸟飞过，夜空的寂静也随之被划破，似乎产生了一些微妙的变化。风儿吹起了那些白日里被热蔫了的树叶，天空中看不到一颗闪亮的星星，半明半暗的街灯在无聊地张望中渐渐熄灭……欣赏着眼前的夏夜图，谁也不会想到，一场没有预兆的暴风雨即将到来。

乌云翻滚着，突出墨迹般的阴霾，仿佛想把葱郁的人间吞没，雷电狂吼着，伸出雷霆般的巨手，似乎要把苍穹撕裂。歇斯底里的声音，惊醒了梦想中的人们。人们睁着惺忪的睡眼，大家都在盼望着一场大雨，可以解除将近两个月的炎热，太阳也该歇歇了！雷声连续不断的响，像是助阵的鼓点。闪电一道一道地蹦入了眼帘，像是一盏盏闪光灯把黑夜照亮。二者好像商量好似的配合默契，在这个夜里演绎着一场轰轰烈烈的舞台剧。

滴答，滴答，一滴滴久违的雨水顺着古老的屋檐流了下来，哺育了干渴的花儿，滋润着龟裂的土地，清新了干渴的空气，也改变了人们的心情。这雨，如丝丝细线，牵绊住人的心情，让安静享受在心灵深处潜滋暗长，让人不由得打开那拘束的心灵窗口，和这大自然的精灵亲密接触，体验不一样的夏夜之梦。

雨下个不停，风继续刮，原本安静的心在暴风雨的洗礼之后重新归于平和。抬头看，天边已经出现了色彩斑斓的彩虹，天，亮了。

阳光总在风雨后，崭新的一天又开始了。暴风雨后的阳光会更加灿烂，经历了坎坷后的人生才会更加丰富多彩。

夕阳下的龙津河

陈　可

夏季的一天下午，我和小伙伴们相约漫步龙津河边，酷热的暑气慢慢退去，快要落山的太阳已不那么耀眼了，落日的余晖映红了满天的云彩，河水又被夕阳映照得通红。"哗啦啦"流淌的龙津河边顿时热闹起来了。

也许是因为前几天下了一场大雨，龙津河里的水比春天时涨高许多。

河边有很多妇女带着孩子洗着衣服。她们一边洗，一边说笑，棒槌打衣服的声音和人们的说笑声融为一体，此情此景，不禁让我想起了唐代诗人王维《山居秋暝》中的一句诗"竹喧归浣女，莲动下渔舟"。眼前似乎就是那美丽的画卷。

远处，早晨撒网捕鱼的人已经开始收网了。虽然网不大，但收获不小——一小桶鱼就足够全家人吃上几天，鱼多的时候还可以拿到集市上卖。

　　我来到河对面，远处望去，夕阳下的田野里，绿油油的秧苗在微风中跳起了欢快的舞蹈。

　　荷塘里的荷花，已经开了不少。荷叶挨挨挤挤的，像一个个的大圆盘，粉白色的荷花从这些大圆盘的夹缝中冒出来，有的才展开两三片花瓣，有的花瓣全展开了，露出嫩黄色的小莲蓬，有的还是花骨朵，看起来十分饱满，像马上要裂开似的。

　　几个老农骑着各自的水牛慢慢地来到了龙津河边。他们把牛赶到河里，让水牛在河中痛快地，自由自在地洗澡，他们则在岸边的石头上悠闲地吸着旱烟，聊着天。

　　啊，夕阳照耀下的龙津河真美！

沉醉在夏夜小巷的世界里

林芷妍

每当夏夜来临，我就特别爱在家门口的小巷里转悠，并沉醉在其中，久久不愿离去。

这时，太阳极不情愿地卸下了炽热的装束，将作威作福了一天的火气收敛了去，拂去了最后一丝晚霞。

月亮婆婆摇着船儿，悄悄地把她慈爱的目光投向了人间。那皎洁的，明亮的月光似一条薄薄的纱巾，轻轻地铺在小巷古老的青石板路上，又似无声的流水倾斜在小巷的两边密密麻麻的屋瓦上。石板上的苔藓更显得水灵。小巷的尽头，两棵槐树似被定格了，一动也不动，懒懒的挨在一块。

一切都那样安静，只有匆忙的自行车从青石板上碾过，发出有节奏的声响，"哐当，哐当"，这声音由远及近，又有近渐远。挺立在小巷口的那盏路灯发出昏黄的光，无数的飞蛾在它的身边盘旋。

起风了，树叶兴奋得翩然舞动起来。小巷里热闹起来了。老婆婆、老爷爷们抬出古老的太师椅，悠然地摇着蒲扇，眼睛微微地眯着，和对面的街坊们闲聊起来。几个中年人端出棋盘厮杀，还不时地发出几声叹息"败棋，败棋！"

窗前，夜来香散发出阵阵浓香，在这样祥和的气氛中很是诱人。那挤满枝头的茉莉花在这柔和的月色下，显得分外柔美。这美景又有谁愿错过呢？瞧，一群活泼的孩子在捉迷藏，他们银铃般的笑声在小巷里久久地回荡。

夜更深了，或许孩子们跑累了吧，一个个又转悠着回来了。老婆婆们早已为孩子们准备好了洗澡水，他们却叫闹地打起水仗来，忙得老婆婆们管住了这个又落下了那个。孩子们好不容易进入了梦乡，老婆婆们便收起了还没聊完的话题，搬起椅子，走进了深巷。那几个中年人，一边争论着那局未完的棋，一边各自收拾着散去了。

灯灭了，夏日的小巷又恢复了宁静。我沉醉在其中，仿佛听到了小巷尽头的两棵槐树沙沙地讲述着它们的故事。

秋天的颜色

陆 曼

秋天虽然没有春天那欣欣向荣的勃勃生机，没有夏天那漫山遍野的郁郁葱葱，也没有冬天那冰雪世界的晶莹洁白，但它，却有着自己独特的美。

走进森林，一簇簇，一处处的丹枫首先映入眼帘，那火红的色彩多么可爱，多么迷人！像那一团团熊熊火焰，燃烧着人们创造未来的激情，如一片片来自天上的红霞，增添着人间的祥瑞气氛，我不是处于"停车坐爱枫林晚，霜叶红于二月花"的诗境中吗？哦，秋天是红色的。

清风吹来，各种形状的黄叶从洋槐、梧桐、白杨和许多不知名的树上飘落，有的像蝴蝶翩翩起舞，有的像黄莺穿林而飞，还有的像表演舞蹈一般轻盈地旋转……林间地下，一层层厚的落叶，如一条巨大的黄色地毯。哦，秋天是黄色的。

白云飘过，天空显得特别的幽远，特别的蓝，人间的万事万物都被笼罩在这蓝色下，那湖水，那溪流，那远处高楼大厦的玻璃幕墙，都映出蔚蓝的色调，无边无际的蓝天仿佛包容了整个世界。哦，秋天是蓝色的。

　　眺望原野，金色的稻田一片一片，一直蔓延到山那边，蔓延到看不见的远方，忙碌着的人影定是带着喜悦的收获者。走进果园，柑橘、大枣、果实累累。一眼望去，密密麻麻，万点金色，与金色的原野竞相媲美。哦，秋天是金色的。

　　曾经艳丽一时的紫薇、美人蕉、扶桑、大丽花，已经失去了夏日的风采，凋零殆尽。取代它们的是那素雅的菊花，你看，那篱边阶下，挺枝怒放，有的像绢片缀成，有的如银丝织就，千姿百态，尽占天时。夜来的清霜和它的洁白相比，也逊色三分。哦，秋天是白色的。

　　哦，秋天，原来你是绚丽多彩的季节！

节 日

沈 岩

中国有许多传统的节日。其中我最喜欢的就是中秋节了。而今年的中秋节又与往年的不同,与国庆节连到了一块,显得别有一番意义。而两个节日碰在一起,又增添了几分热闹的气息。

中秋节这一天,我家举行了许多精彩纷呈的节目,让我们家充满着欢声笑语,充满着和谐与美满。

中秋节,最著名的不过品尝月饼了吧。一大早,爸爸妈妈难得清闲了一会儿,放下手中繁忙的工作,出去逛起了街。回来时,便给我和哥哥带来了香甜可口的月饼。有大的,圆的,半透明的,红豆味的,豆沙味的,五仁味的……各种各样。圆圆的月饼象征着一家人团团圆圆,和和美美,幸福美满。我们幸福地品尝月饼,轻轻嚼一口,甜甜的,细细品尝,香甜可口,真乃人间美味!其中我最喜欢豆沙味的，哥哥最喜欢蛋黄馅的，妈妈最喜爱红豆味，奶奶……大家议论着，品味着，说笑着，空气中充满了欢声笑语。

俗话说："十五的月亮十六圆。"但今年，月亮正好是在八月十五中秋当日圆的，如果错过了这个机会，就只能等到下个月了。吃过晚饭，我便拉着全家到尚书公园赏月。一路上，凉风习习，吹送着秋天的气息。一抬头，我就看见一轮又大又圆的明月挂在半空中，浅黄浅黄的，好像还笼着一层薄薄的轻纱，虽然明亮但并不刺眼。走着走着，月亮竟然不见了。哦，原来它躲到云朵后面去了。有一句歌曲唱得好"月亮在白莲般的云朵里穿行"，月亮不就在这样与我们玩起了捉迷藏吗？

走在回家的路上，偶然回头，月亮又不知何时露出了笑脸。它原来的那层黄晕已经褪去，像一个亮晶晶白玉盘镶嵌在天幕上。即使中秋节过去了。这轮明月也会长长久久地刻在我的心里。

蜡 梅 魂

刘 梅

以前我曾在奶奶家种过一棵蜡梅树。

那年秋天，我才八岁，蜡梅树是我和爷爷奶奶一起种下的，爷爷挖土坑，我来种，奶奶则在一旁浇水。种下后，这棵树就成为我的新宠，几乎每天清晨我都会去看看它，不时地给它浇点水，施点肥，一心盼望着它早日开花。

早盼晚盼，等到了第二年的冬天，天气已经非常寒冷了。一天，鹅毛般的大雪纷纷扬扬地从天空中飘落下来。大清早，我一起床，便看见窗外白茫茫的一片，可我无心观看这银装素裹的美丽世界，一心牵挂着小蜡梅树。我急忙跑到蜡梅树前，只见白白的雪花已经在蜡梅树上安了家。我不由得升起一种不祥的预感，小蜡梅树不会被冻死了吧？我焦急地把雪花从树枝上抖落下来，却被爷爷制止了，"蜡梅树是不怕寒冷的，越寒冷就越坚强，还会开出花朵来呢。"

话音刚落，我突然觉得眼前一亮，那并不粗壮的树枝上竟然神奇地长满了玉米粒一般大小的花苞。想不到竟在这风天雪地里，它才赌气似的绽开花骨朵。那小骨朵半开半合，白里透黄，黄里泛绿，润泽透明，简直就像玉石雕刻成的。一股股细细的清香，直渗进人的心肺。"爷爷，蜡梅花开啦！蜡梅花开啦！"我高兴地跳起来。

"墙角数枝梅，凌寒独自开。遥知不是雪，为有暗香来。"蜡梅那不惧严寒的精神深深感染了我。我不由得联想到一位残疾的哥哥——刘涛。他五岁那年就永远失去了自己的双臂。但他身残志坚，奋发有为，不仅学会了用脚写字，吃饭、刷牙……还刻苦学习，以597的高分被天津财经大学录取。他的这种精神不正是蜡梅精神吗？

千百年来，人们最爱蜡梅那顽强不屈的灵魂，正是蜡梅魂激励了一代又一代的人奋发向上，铸就辉煌！

我喜欢的

罗子扬

生活中有许多事情是我喜欢的。

早晨，清晨的第一缕阳光照进窗棂，我便悄悄地起来，轻轻地穿上运动服，慢慢地系好鞋带，我就出门去晨跑。跑过大街，跑过小巷，跑在公园的道上，呼吸着新鲜空气，听着鞋子擦过地面的声响。我喜欢晨跑，步伐有力，节奏整齐，穿越在清晨还未沸腾的街道上，奔跑在河边平静的人行道中，小城的风景在眼前更迭，甩甩发梢的汗水，我充满着活力。

上午，隐约听到附近的机车发出鸣声，我已经开始了一天的学习。时而浸润在书的世界，时而奋笔疾书，时而复习功课。我最喜欢下象棋。每每都会在课间或课余与同学"杀"一场，摆好三十二个棋子，在棋盘上大展神通，驰骋拼杀。有胜利的喜悦，也有失败的沮丧。我喜欢玩魔方，每一次练习，它都以不一样的方式呈现给你。而单手与脚拧就更有趣味与难度了，需要花费更多的时间与汗水去练习。魔方的练习是很重要的，当那些高手们以电光火石的速度展现在赛场上时，你却不知道他们在背后付出了多么大的努力。魔方，让我的想象空间无限延伸，也给我以挑战极限的刺激。

傍晚，我喜欢踢足球，穿好足球鞋，驰骋在绿茵场上，有时拼尽全力，有时发挥失误，有时胜利呐喊，有时意外受伤，但运动中的团结、拼搏、坚持伴我成长，乐趣远大于胜负。

傍晚，太阳向大地投下了最后一眼，城市在霓虹灯下显得静谧而缤纷。我喜欢，静静地坐在书桌前，温习功课，书香伴我；或与爸妈在河边公园闻一路桂香；或在电视机前听一场辩论，观一场球赛，看一场演出……之后，带着愉悦，进入梦乡。

这便是我喜欢的。

妹　妹

远宝哥

妹妹尚小，还不懂得人情世故，只会日复一日地吃、喝、拉、撒、睡，还有一味地呵呵傻笑。妹妹和我不亲，通常我作势要抱她，她扭头就转开了。

我的课余生活貌似只有篮球，很少关注妹妹，所以这就是她不理会我的原因吧！可是，有一件事，给我触动很大。

傍晚，夜色逐渐击退了夕阳的余晖，黑夜来了。妹妹在床上趴着呼呼大睡。妈妈在忙着，叫我看着妹妹。我拖着沉重的步子拉着一张臭脸来到了卧室，坐在凳子上，抓起一本书气呼呼地看着。妹妹翻了个身，滚到了床的一角，跟冬瓜似的。我看着她，却又似一惊：妹妹出生挺久了，我好像还没有仔细地看过妹妹呢！

所以，我轻轻地走到她的身旁，伏着看她。从来没有想过妹妹是这么可爱呀！她双手摸着自己的脸，两腮肥肥的嫩嫩的，嘴巴还嘟着，像一只可爱的小猫睡在柔软的床上。均匀的呼吸，胸脯和鼻翼轻轻地起伏着，像春天小河里升起又降落的暖洋洋的气泡。小巧而又精致的脸蛋！

妹妹突然又翻了一个身，然后又回了一个甜甜的微笑！又露出几颗乳牙。她在做梦吧，我想。祝福你，做个星光灿烂的梦，梦到小鸟蹦到了家的阳台，小鱼儿在水里游泳，也许又是你梦到与我的玩耍吧！

我感触颇多，她是我的妹妹呀！看到那个天真灿烂的微笑，我的心融化了。

我永远都是她的哥哥，一个永远爱她的哥哥，我得多陪陪她……我轻轻抚摸着妹妹，像拥着一支又轻又软又薄的羽毛，生怕稍一用力，羽毛就会袅袅飞去……

我爱我的妹妹，她小巧玲珑的脸以及令我印象深刻的，天真灿烂微笑。

三 傻 之 家

张宇晨

我家是个"奇葩"，因为家中有三傻——"小傻""二傻""三傻"。

"小傻"粗心篇

记得在半期考的时候，我由于粗心没有认真审题，因为自信就不好好检查，以至于我把-（-1）2017看成了（-1）2017，害得我数学的计算题被扣了整整四分。四分啊！排名这至少可以前进十名。

你说，我傻不傻！真是小傻。

"二傻"炒饭篇

一天，妈妈突然雅兴大发，要给我们做蛋炒饭。起先还好好的，只闻到蛋香，着实令人期待。可当饭炒好后，我迫不及待地尝了一口，我的世界观便崩塌了！这个蛋炒饭居然是酸的！请注意，是酸的！只见妈妈尴尬一笑："把醋看成酱油了。"

我家二傻——老妈。

"三傻"停车篇

一天夜晚，爸爸开着车来到了老地方停车。可是那里都停满了。老爸火眼金睛，在一个垃圾桶前找到了车位，他得意扬扬地说："看吧，还是我这个老人家眼力最好！"我说："是啊，姜还是老的辣。"可是，这个停车位非常小，估计停进去后，左右两边只有五分米的距离。爸爸让我们下车去帮他看一下，费了九牛二虎之力差点刮到别人的车之后才把车停好。下车后，走了不到二十米，就看到对面一排空空的停车位！我笑呵呵地对老爸说："您还真是火眼金睛啊！"憨厚的老爸不好意思地摸摸头，笑了，我们也笑了。

我家三傻——老爸。

我爱我奇葩的"三傻"之家。

《百年追梦全面小康》读后感

珏 玉

　　夜已经深了，我翻开床头的《百年追梦全面小康》这本书，兴致勃勃地阅读起来。

　　余心言先生在序言里就非常清晰地告诉了我们——"实现中国梦有两个百年奋斗目标：中国共产党成立一百周年的时候，全面建成小康社会；新中国成立一百周年的时候，建成富强民主文明和谐的社会主义现代化国家。"原来，这就是我们为之奋斗的伟大的中国梦啊！

　　我庆幸自己是"00后"的孩子，我们正好处于实现这伟大中国梦并见证这一伟大时刻到来的黄金时段！

　　中华民族是一个伟大的民族，绝不会将自己的命运任人摆布，更不会面临亡国灭种的危险而无动于衷。在西方列强和帝国主义侵略下随之而兴的，是中华民族民族意识和民族精神的唤醒，是中华民族伟大复兴的这一中国梦的提出。真正把中国人民和中华民族带上实现"中国梦"的正道的，是中国共产党。中国共产党从蹒跚学步的幼年迅速成长起来，经历过一次又一次血与火的考验！

"中国梦"是要让国家富强、民族振兴、人民幸福。百年坎坷复兴路，世纪沧桑强国梦。没有梦想的民族是可悲的，对美好梦想没有坚定不渝、矢志不渝精神的民族同样没有前途。只有自强不息、坚定梦想的奋斗才会有当今强大的中国。总书记说过："让每个人人生出彩之梦，是每个人和祖国一起成长的梦。"年轻人的未来决定国家的未来，年轻人的"中国梦"汇成整个国家的"中国梦"。所以我们更应该坚定梦想，自强不息的去奋斗去拼搏，完成自己的"中国梦"。

实现"中国梦"方向已指明，道路已明确。这使我热血沸腾，无比振奋！我庆幸自己生活在这美好的时代！作为当代少年我们当务之急是要努力学习，认真打好文化基础，以持之以恒的做事态度，把自己个人的梦想与"中国梦"结合起来，通过不断尝试，不断锤炼，促自己成才。

同学们，请让我们一起努力，一起努力担负起实现中华民族伟大复兴的"中国梦"的历史使命吧！

《卖火柴的小女孩儿》读后感

英 子

教室里静悄悄的，我翻开手中的语文书，一行清晰的字映入我的眼帘——卖火柴的小女孩儿。我不由兴致勃勃地阅读起来。

《卖火柴的小女孩儿》这篇课文主要写了在一个下着雪的寒冷的大年夜，一个小女孩儿赤着脚在大街上卖火柴，却谁也没买过她一根火柴，谁也没给过她一个硬币。小女孩儿实在是太冷了，她擦燃了火柴，产生了幻象，最后在美好的幻象中离开了人世的事。

当我读到"这一整天，谁也没买过她一根火柴，谁也没给过她一个硬币。"这一句时，我不由得深深感到了资本主义社会的冷漠，一个可怜乖巧的小女孩儿在这么冷的天气赤着脚在大街上卖火柴，即使你不需要，但你也仅仅只需要花费小小的一个硬币，也许就会让小女孩儿感到一丝人性的温暖。

　　我怀着愤慨的心情往下读，当我读到"她不敢回家，因为她没卖掉一根火柴，没挣到一个钱，爸爸一定会打她的。"这一句时，我对小女孩儿的同情更加的深切了。我在家里是亲人的心头肉，掌上珠，拿在手上怕掉了，含在嘴里怕化了，更别说打骂我了。可是再看小女孩儿，在本应该是亲人团圆、美好快乐的大年夜，她却被赶出来卖火柴，甚至不敢回家去，这简直就是亲情的冷淡，太令人寒心了。

　　想到这，我为小女孩儿悲惨的遭遇感到不甘，继续往下读。当我读到"她俩在光明和快乐中飞走了，越飞越高，飞到那没有寒冷，没有饥饿，也没有痛苦的地方去了。"我不禁沉思：小女孩儿死了。她不是在温暖幸福中死去的，而是在无比寒冷，无比饥饿，无比痛苦的时候死去了。她在幻象中看到的一切，曾经令她多么幸福啊！再看看我，从来没有体验过什么吃不饱，穿不暖，和小女孩儿相比，我是多么的幸福啊！

　　读完全文，我掩卷沉思：小女孩儿的命运是多么的悲惨，遭遇是多么的不幸！资本主义社会里的穷苦人民当时的生活只有寒冷，只有饥饿，只有痛苦，与我们现在的生活截然不同，我们应该好好珍惜这来之不易的生活。

秋天的颜色

感谢有你

班长大人，饶命啊！

张云凯

引述：虽然她个人学习成绩优秀，也把班级管理得井井有条，但是她却像嬴政一样，实行"暴政"，搞得我们班"哀声遍野，民不聊生"，所以，我身为班里"平民百姓"的小头头，必须要起来反抗。

——张云凯语

她，中等个儿，瓜子脸，弯弯的眉毛，大大的嘴。这些都不特别，唯独那黑得发亮的皮肤，才是她最引以为傲的地方，因为……因为健康嘛！她就是我们的班长，一个地地道道的"双面派"人物：在老师面前，她是一个乖宝宝，但在我们面前却是一个霸王，一个完完全全的小霸王。

在我们班上，"重女轻男"是种普遍现象，批评、训斥都是小儿科，严酷的刑罚，繁重的兵役（扫地、做卫生之类）更是家常便饭。要说谁是罪魁祸首，那就是我们"最最最亲爱的班长大人"了。

你看，她又开始横行了，上午的时候还好好的，可"刚开的厕所三天香"，不过一会儿，她可又"犯病"了。我正在看书，只听"咚"的一声，她的拳头落在了我的手背上，啊，不对，不是声音，而是一种痛不欲生的感觉瞬时传导到我的脑神经。可"霸王"一点儿也不在乎，那黝黑的脸上堆满了笑容，仿佛刚吞了一只虫子的青蛙。"怎么样，很痛吗？"她的语气中没有一丝的歉意。我顿时火冒三丈："怎么不痛，我又不是机器人。"我还想追问她为什么打我时，她撇嘴说道："哦，原来我打错地方了，下次我注意点。"此时我很是想发泄下大喊一声"打倒霸权主义"的，可是愤怒归愤怒，当我以闪电般的速度对比了双方的实力后，我的大脑便克制住了自己，以免自己成为"烈士"。

有一次做作业，恰好遇到了一道难解的题目，我问了好多的同学都说不会做，没办法，我只好硬着头皮去找"小霸王"。她一听说我要请教她，那眼神、那态度、那语气，简直是不堪入目了。我正准备克服心理魔障接受她的指教，恰好这时，班主任赖老师走了进来，她的态度顿时来了个"暴雨转晴"，笑盈盈地对我说："云凯啊，你看啊！这道题应该这样做的啊……"我边擦着身上的鸡皮疙瘩边想："班长，你到底是什么物种，怎么变得这么快！"

唉，这篇作文是我怒火攻心后的不理智行为，请大家理解，切勿模仿，否则当你也遇到类似的班长时，后果自负。哎呀，完了，她正找我呢，"班长大人，饶命啊！……"

李 锦 其 人

黄东凯

　　我有许多的朋友，但唯独这个朋友与众不同。他有一张大嘴巴，还有一副高鼻梁。他在班级里一站起来就像一个巨人似的，要比我另一位较高的朋友张云凯还整整高出一个头哩！他是谁？他就是我们班的"傻大个"——李锦，也是我最要好的朋友之一。

　　李锦一直到现在六年级都是我的死党。我们在一个学校，而且还在同一个班级，这真是一种缘分。对他，我是了如指掌的，他这个人，最大的特点就是乐于助人，哪怕是玩笑。

　　一次，数学老师很严肃地在前一天提醒我们"你们明天一定要带圆规上课。"可我那丢三落四的习惯就是改不掉，这不，都快要上课了，我笔盒里的圆规却突然离奇地"失踪"了。我十分焦急，把书包翻了个"底朝天"，可圆规依旧没找到。圆规好像跟我玩捉迷藏似的。我冷静下来，脑海开始像放电影似的回放着昨天的画面。突然，我猛地一惊，圆规好像是我做完作业后就没放进笔盒里。正当我想起这茬事时，上课铃响了，这下连去向别班同学借的机会也破灭了。此时的我犹如热锅上的蚂蚁——团团转。李锦好像看出了我的心思，连忙跑过来，递给我一张纸条和一支圆规，在老师进入教室前，三步并作两步地跑回自己的座位。我打开纸条，上面写着：这是我新买的圆规，先借你用吧，课后再还我。正当我迷惑他自己该怎么应对老师时，扭头向他那望去，他正举着一只缠腿的圆规向我挥动，我顿时被这一幕感动了，啊，多好的朋友啊！

人似乎都有两面性，李锦虽然乐于助人，但也有"邪恶"的一面。一次，我们的数学老师不知怎么了，突然给我们布置了两倍的作业。我为了回家后能轻松点，趴在课桌上奋笔疾书。这时候，李锦突然神神秘秘地走过来，说是要给我一个惊喜，也没经过我同意，就把我拉到了教室外面，悄悄地对我说："我带了一个好玩的东西，要看看不？"我不耐烦地说："那就快点拿出来啊！""那我就把它变出来了。"李锦不知什么时候把一只飞蛾掏了出来，而且还是活的。顿时我被吓得魂不守舍、呆若木鸡似的站在那里，李锦却在一旁看着我的窘样哈哈大笑，我当时真是又尴尬又生气。

唉，像他这种"妖精"，谁可以帮我把他收了！

感 谢 有 你

范如欣

我和香香共住一个宿舍。

记得刚来宿舍时，家长安顿完我们离开后，我们几个觉得无聊，便提议说打扫下卫生。最先提及的就是香香，也是她最先行动起来的。她的行动感染了我们，于是我们也一起参与其中，很快就把我们的生活环境整治得干干净净、清清楚楚。后来，香香对我说，她其实有轻微的洁癖，对此我深信不疑。

与香香结识的第一印象就是她是学霸级的淑女。这个第一印象在接下来的学习生活中得到了验证，无论是在班级或是在宿舍，她总是一副文文静静的淑女形象，从未见过她与哪位同学发生过口角。在我看来，有人的地方，尤其像学校这个有许多人的地方，就会有矛盾，就会有事端。可她即便与同学意见相左，也从未像泼妇骂街那样出过格，最多就是心平气和地与同学讲讲道理，然后一切就烟消云散，回归自然了。

相比而言，我从来都是一个粗心大意的人，也是一个脾气暴躁的人。香香每每都会善意地提醒我要有淑女像，我也总在告诫自己。上课时我时常会想打瞌睡，影响听课，遇到此种情景，坐在旁边的香香总会轻轻地提醒我不能上课时睡觉。如果我课堂听漏了，她总会帮我补课。她时常向我提建议，让我一节课至少举两次手，现在的我也在努力完成这个目标。总之，与她在一起的时候，我感到自己会变得和她一样的文静、好学，她身上似乎有一种魔力，这种情况果真应了"近朱者赤，近墨者黑"。

香香这种与我截然不同的宁静性格，真是深入骨髓。她总是喜欢一个人静静地待着，不像我，一刻都耐不住寂寞，一刻都闲不下来。课余时，她总喜欢一个人静静地待在教室里读书。每当这个时刻，我都不忍心打扰到她。看着她那娇小的身躯，洁白的脸庞，光线在她的一侧闪耀着光辉，这是一种美，一种恬静的美，这种美自内而外散发着迷人的气息。

我从来都不是一个乐观的人，会经常莫名地忧伤、郁闷，也时常会因为一点小事就伤心、难过。也许是上天对我的眷顾，香香就像一剂良药，治愈了我的心灵，总能让我静下心来，忘掉过往的一切不快。

感谢有你——香香，与你结识是我人生的一大幸事！

陈女士二三事！

雷家诚

一头恶魔般过肩的乌黑长发，一对凶神恶煞似的杏花眼，一副武则天样的霸气姿态——就足以完美描绘出我生命中最为重要的组成部分，也就是帅哥之母——陈瑛瑛女士了。

在我十岁之前，我曾坚定不移地认为：我一定是陈瑛瑛女士充话费送来的。可以毫不夸张地说，她简直就是行走在人世间的"恶魔"啊！我与她就是在母子之间的"相爱相杀"中努力做到"相杀"。记忆中的儿时，她宛如"杀手"在我成长的道路上一路狂奔，这样的"血泪史"历历在目。

屁股上的"胎记"

小时候，我就是一个吃饭不乖的家伙，某天，陈女士刚刚好有事，要迟些回家吃饭，正所谓"山中无老虎，猴子称霸王。"乘着"武则天"不在家时，我一边从容地丢下不想吃的鱼肉，一边大声拒接了奶奶灌来的鸡汤。看到我如此不肯就范，爸爸、爷爷、奶奶一起上阵，终于在寡不敌众下被灌下一勺鸡汤，"呕……噗……"我使出我的大招，一口鸡汤变作化骨绵掌从我口中喷薄而去，犹如暴风骤雨打在了开门而入的陈女士身上，看到她被喷中的那一刻，我瞬时泪奔，嘴里叨叨着："妈，妈，妈妈……你回来了呀！"在一阵寂静后，我家的"小黑屋"中传来了那久违的杀猪般的嚎叫声，那天恰逢夏至。待我去游泳时，那青一块、紫一块的"犯罪证据"，始终被别人认作一块胎记。

佳话般的"猪叫"

在我步入一年级后，因为老爸太忙，就把辅导我作业的重担丢给了陈女士，于是，这日子没法过了。日常状态是如此的：老师教的知识点其实我都懂，但在家里复习时，就在陈女士可以杀人般的眼神下，我被吓得几乎全忘了。于是，我家每天六点都要上演"杀猪"节目，如今，它已被邻里们广为流传，成为"佳话"。

撒手后的"解脱"

等我上了四年级，陈女士不知是因为我学习渐入佳境，或是因为管到心力交瘁，乃至心脏病发作，于是，她想想，还是活命更为重要，最终就是放手不管我的学业了。此时的我，在最近的一次考试已高中满分，见到试卷的时候，她的表情真的很好玩。

随着时光的流逝，陈女士与我的关系已然好了许多，只是，每当我忆及往事，我只想说句："妈妈，其实我真的爱你！"

啊，二胎弟弟！

李香沂

　　他，一张长长的脸上镶嵌着两个嫩红的脸蛋，一双水汪汪的眼睛里始终透露着炯炯有神，一张小嘴仿佛一来人世就能说会道，一个小脑瓜中也许装着无数令人意想不到的智慧。他很是好动，没有一时能闲下来，幼时，经常拖着他那玩具箱，里面总是满满当当、奇形怪状的玩具，然后就是屁颠屁颠地当着我的小跟班，每天问我"为什么"的九岁家伙。

　　那是一个晴朗的冬日，阳光温暖地照射在身上。我和弟弟在家很是无聊，于是他便想出了"跑步比赛"的点子。我望着他那弱小的身躯，脸上却是一副高傲的模样，便笑他："就你？哼，一个三年级的小学生，就你平时的速度，真可笑，别勉强了吧！"弟弟显然并不服气，嚷嚷着："比就比，谁怕谁！"于是，这场比赛拉开序幕，为了公正，我请妹妹做裁判。当"开始"的口令发出后，我以箭一般的速度朝终点方向直冲而去。弟弟显然比我慢一大截。就在离终点几步之遥时，身后传来了一声"惨叫"，我的心头一惊，不会是弟弟出事了吧？我停下脚步，扭头看到的是弟弟正扑倒在地，脸上一副很痛苦的表情。我出于关心，便跑向他的身边，我赶紧将他从地上扶起，嘴里还急切地问："怎么样，摔到哪了，疼不疼？"可这小家伙却趁机一把把我推到，然后便头也不回地朝终点跑去。而我只能傻傻地坐在地上，还未反应过来时，弟弟已站在终点咧着嘴，冲我扮着鬼脸。看着"狡猾"的弟弟，我有种哑巴吃黄连，有苦说不出的郁闷。

弟弟虽是调皮、机灵，但却很贪玩。身为他的姐姐，我肩负着督查他学习的职责，可这个家伙，经常寻找各种理由进行推托。每次叫他看书，他时常会装出一副楚楚可怜的样子，"姐姐，你做个好心人吧，让我玩一会儿，就一会儿吧！"看着他的可怜相，我总是于心不忍，可是，一答应他后，我便后悔莫及，这家伙往往一转眼就拿上玩具冲下楼去，连句"谢谢"也没，就不见踪影玩去了。唉，看来以后我要长点记性了。

弟弟总是那样活跃，我也总是那样迁就。但也许正是这点好，让弟弟甚是爱我。不知哪天，我和妈妈因为弟弟学习的事争吵起来，妈妈火气上身，不管不顾的准备好好揍我一顿，说来迟，那时快，弟弟居然立马放下手中的"活儿"，瞬间挡在了我的身前，嘴上嚷嚷着："不要吵，不要吵了，妈妈，不要打姐姐，打我好了。"妈妈看着这个小家伙，举起的手缓缓放了下来。可是我听了弟弟的话似乎更觉得委屈，眼泪不住地掉了下来。小家伙却赶紧把我拉向他的房间，怕我不放心，还把门锁给锁上了，然后找出他的宝箱，把玩具一股脑儿倒了出来，嘴上碎碎念着："好了，好了，不哭了，给你玩具玩，我去看书好不好？"看着眼前这个小屁孩，想到刚才的表现，我的心中突然泛起了一丝甘甜。

啊，这个调皮又贪玩，机灵又懂事的家伙，就是我那可爱的二胎弟弟。

哦，妈妈，我不会是捡来的吧！

孙素予

六月的天气，就像善变的娃娃，一会儿风一会儿雨，转眼又是艳阳天。能与之媲美的唯有我那绰号"小六月"的表妹了。

四年级的暑假，老妈传来"圣旨"——你表妹要来我们家度假。听到此消息，我的眼泪不由得流下来。要知道，在以往的日子里，她摔坏我的汽车和房屋模型，她毁了我N只可爱的毛绒玩具，她打碎了我心爱的小熊储钱罐（此处略去万余字）……往事历历在目，正当我心欲滴血、泪欲雨下之时，楼道内响起那银铃般令我恐惧的笑声。OH，NO！我迅速闪进房间，门锁锁上，任凭妈妈怎么叫唤，我都不肯出门半步。

煎熬啊！时间仿佛有了声音，滴滴答答地让我度日如年。终是熬不住，想出去。一开门，见到的便是表妹那胖墩墩的身影在客厅里晃动。我走上前，压低声音对她发出警告："姐姐现在有事出去，别进我房间，更别动我的东西，听见了没？"她拿着爆米花棒点了点头，那样子真不让人放心。

疯玩了一下午，当我轻松愉快、大汗淋漓地回到家，却未发现表妹的身影。那一刻，往事的阴影顿时闪入脑海。不好，我一个箭步冲入我的房间，一切都已晚矣！表妹见我进来，咧着嘴冲着我笑，环顾四周，已是一片狼藉。我瞬时怒了，"你个大坏蛋，都叫你别动我东西了，你脑子里装了什么呀！"看到我发脾气，表妹眼中噙满了泪水，可我越发来气，语调提高八度呵斥道："哭什么哭，别装了，大笨蛋！"内心的不满在那一刹那喷薄而出，畅快极了。不知何时，妈妈的手抓住了我，把我一把拖到外边，瞪着眼，横眉倒竖，用她的狮吼："你想干吗，人家一点小过错，你就这样吓她！她可是你表妹，再说了……"那一刻我已听不进任何的话语，大声反驳："她不是我的表妹，她是坏蛋，她是我的仇人，仇人！"我哭诉着，"从小到大，就只会要我谦让，要我照顾表妹，我什么时候就不小，就不要得到照顾啊！"内心的委屈、不满在顷刻之间犹如滔滔江水倾泻而出。妈妈似乎并不为我的倾诉而动，甚至要扬起大手挥落下来。哦，妈妈，我不会是捡来的吧！

所幸的是，表妹站了出来，也许是她的稚嫩感化，也许是她的天真无邪，事态得以平静结束，但是，妈妈，我们什么时候才能好好说话。

妈妈，我想对您说

王　璐

亲爱的妈妈：

　　您好！

　　每当想起孟郊的那首《游子吟》："慈母手中线，游子身上衣。临行密密缝，意恐迟迟归。谁言寸草心，报得三春晖。"您那忙碌的身影总会浮现在我眼前；您那谆谆的教诲总会萦绕在我耳边；您那伟大的母爱总会刻印在我心里。

　　妈妈，我想对您说："谢谢您！"

　　妈妈，您对我的关爱，我从来都知道，只是我总是害羞至难以启齿，以至于从未当面对您说一声"谢谢"！记忆中的我时常生病，而每次您总在第一时间知道。每次您总是先批评我不会照顾自己，而看我时的眼神总是充满了着急和关切。特别是那个寒冷的冬日，因为贪玩，我没把您对我的叮嘱听进去，只穿了两件单薄的衣服就跑出去玩了，结果晚上就发热了。体温在不断地升高，您用手背感触到了危险，于是一边数落着我的顽皮，一边给我穿好衣服，然后马不停歇地把我背起送往医院。在那个寒冷的夜里，您泪眼婆娑地守在病床边。在我蒙眬的睁眼时，你将手搭在下巴下，垂下的脑袋忽地抬起看向了我。那时的您是多么的疲惫，可是您又是那么的坚强，一切都是为了让我尽快康复。

妈妈，我想对您说："我爱您！"

都说女儿是块宝，可是，不，应当是从我降生以来，就给妈妈您带来诸多的麻烦。小到吃饭、穿衣、睡觉、出行，大到学习、交往、礼仪、品德，可以说是事无巨细，您总是不厌其烦地教导着我。在成长的路上，我不知何时有了些小任性，也时常发着小孩子的脾气。在这十二年里，在这4386个日日夜夜里，您总用宛若大海般的胸怀包容着我，包容着我的缺点与错误，原谅着我所有的不完美。这过往的岁月，使你一头乌黑也泛起丝丝银白，使你一脸润泽也皱起条条波纹，这其中就有我的"功劳"。

妈妈，我知道在未来的日子里，您对我、对家的操劳不可能停下。我企盼着自己快快长大，好分担一点压在您身上的重担。可是我知道，现在的我没有这种能力。我唯有努力学习，去取得一份能让您欣慰、让您满意的成绩，才好回报您对我不可估量的付出。

妈妈，我想对您说："我爱您！"

祝妈妈身体健康，万事如意！

您的女儿：王璐

2017年9月3日

谢谢，小黑！

曾邱雯

时光的车轮碾过，留下了一道道深深的印痕，而在我成长的身后，留下了一串串彩色的记忆。回首过去，却又仿佛是一片一眼望不到头的田野，旁边是一条泥泞的小路，路边是那开了又落，落了又开的桂花树。就是这样，在花开花落中，我度过了一个又一个春秋，从一个不谙世事的孩子长成一个懵懂的少年。也还记得，在田野里，有那陪伴我不知多少岁月的小黑。

从小，我就和还在农村的奶奶生活在一起，由于奶奶农活忙，没时间陪我，就给我买了一只全身黑色的小狗，我就给它取名"小黑"。

和"小黑"在一起，从来就是我去哪它去哪，我时常在前头叫着："小黑，你个大笨蛋，来追我呀！哈哈哈……"小小的小黑从来只是找到我后，吐着舌头嘿嘿地吐着气，找到我后不时"汪汪"地叫几声，总感觉它似乎在气急败坏地说："主人，带带我呀！"它恢复气力的时间好像总比我短暂，不一会儿，它就爱把我扑倒在草垛上，然后吐着它那鲜红的舌头不停地舔我的脸。每遇这个时刻，我总是嫌弃地朝它吼道："恶心死了，别把口水舔我脸上啊！"小黑从来只是顿了下来，它只是看着我，似乎等我不再吼，然后又是一顿亲吻，啊，真是讨厌至极。

那个夏日，我们依旧如此一般，但又如此不同。当我撒疯似的玩耍后，我便觉得累了。在田野边上的一棵桂花树下，我目光呆滞，看着不远处的人来人往，不知不觉就睡着了。小黑很懂我，就像骑士般趴在我的身旁，待我睡着后守护着我。那一刻，我哪会知道小黑的作为，直到事发之后。

在小黑一阵急似一阵的叫唤声中，我睁开了迷茫的双眼，"我是谁，我怎么在这里，我为什么在这里？"我问着，转头看到的是小黑吐着舌头软趴趴地卧在我的身边，不时抬起头，看着我，然后又耷拉下脑袋，那神情已然流露出一身的疲倦。

我用双手撑向那满是落花的黄土地，在桂花的余香中清醒着神志。一条似乎是蛇的东西就在我的不远处，我瞪大了眼再看，那就是一条蛇，身上黑白相间的一圈又一圈。这是银环蛇，我在村里小卖部听村民说过，它很毒，会毒死人的。当我意识到时，扭头看向小黑，它只是趴着，双目紧闭，舌头留出半截，只是色泽发紫。那一刻，我好像明白了什么。我扑过去，"小黑，小黑，小黑……"

当我神志回复时，奶奶一脸难过得在我身边撑着一把油布伞，不知为何，小雨淅淅沥沥下了下来。我问奶奶，可不可以让我埋了小黑，奶奶扭过头说："妞妞，我对不起你啊！"

自此以后，奶奶不像往日那般忙碌了，总是默默陪着我，看着寂静的奶奶，我仿佛明白：生命如此有限，再善良、再可恶的东西，到最后，不过一片烟云。此刻，只需要的是陪伴！奶奶也是，我也是！

人生中的每件事，真的需要我们认真，否则，真得让人后悔莫及！

对不起，我误会你了！

黄志彬

在我成长的过程中，许许多多，大大小小的事，它们有的给我欢笑，有的给我哭泣，有的给我启发，有的给我刺痛。唯有此事至今令我后悔莫及，因为当我想弥补时，它却离我远去，留下我在心灵的激荡中缥缈。

那个秋季，班级来了个陌生人。虽有名字，而我至此仍不知全名，这种惭愧至今令我惭愧。他属于那种正直、善良的人，不为什么，只是在我第一眼看到他的那个时候就有了这种感觉，于是成为朋友。

事实确如我的感觉那般，他的品德真好！得此结论的缘由只因为一件小事。

那是一个南方的冬天，因为阴冷，我在学校孤寂的宿舍里想洗个热水澡，好让我麻木的躯体恢复下活力。他来了，而我一无所知。

　　热水的冲击，让我很是享受，我一磨再磨，当我心满意足地走出洗澡间后，那画面至今令我尴尬。你能想象到一个人的世界里突然冒出个人的感受吗？当我看着他手里仿佛捧着某样东西的时候，我只是慌乱着捂着衣服，语无伦次地问着："你谁呀，怎么跑到我宿舍了？"他抬起头只是轻描淡写地回了我句："我来看看你呀！"待我掩饰了紧张后，我似乎镇定了。我定睛看了看他，发现他手中把玩的好似一块电子手表，而且像是我姐姐在我生日时送我的那块电话手表。那一刻，我似乎还不能确认，毕竟，未擦干的头上流下的水滴，遮挡了我的视线。

　　我的视线模糊了我的心智。当我拭去眼前的水珠，我见到的已是表盘开裂了的表，我起身对他吼到："你怎么这样，亏我平时对你那么好，没想到你是这种人！"他愣住一下，起身回应着我："怎么了？什么情况呀！"他呆若木鸡，手里捏着那块手表，不知往哪里放，一时抬起一时放下，而眼神从未离开过我，只是眼角闪烁着迷惘。不知为何，我连思考都没有过，一闪念后就对他吼道："怎么不是你弄的，全宿舍就我和你了，不是你还会有谁啊！"他提起手表宛如千钧，提起放下两次后，将手表放在宿舍中央的桌子上，然后哀叹地叨叨着走出了门外。

　　这事拖了好久我才搞清楚，手表是我两个所谓的舍友弄坏的，他们害怕我的责怪，选择了沉默。事已至此，我想向那位不知姓名却从来心心相印的朋友道歉时，却已不知他去往何处，只是听说，他已转学了。那一刻，有种莫名的惆怅在心底泛起，泛滥，时时刺痛我到今日。对不起，我误会了你！

　　人生中的每件事，真的需要我们认真，否则，真得让人后悔莫及！

人生哪会没苦难

魏思琪

人生好像都是多姿多彩、绚丽夺目的，但也有残酷的一面。人人都企盼自己一帆风顺，都希望美好的事物陪伴，这样每天都能神采奕奕、精神抖擞。一旦苦难、挫折降临，往往令人神伤。我就遇到一次，它让我无法忘怀。

记得那一天，早晨洗漱后到了餐桌，却没有发现爸爸的身影，爸爸从来都会陪我一起吃早餐，然后送我上学的。咦，他去哪了？啊！今天我要自己走路去上学了，我的内心有点小失落。妈妈从厨房里出来，一眼就看出我的疑惑，开口就说："快吃早餐吧，一会儿我送你上学去，你爸爸今天要出差，没空。"知道了爸爸的去向，又有妈妈的接送，我心满意足地加快了吃饭的速度。早餐结束后与妈妈手牵手地出门，行走在大街上时，总觉得路人投来羡慕的目光，那一刻幸福到爆。

坐在教室里准备开始一天的学习，但不知为何，今天我的左眼皮一直在跳个不停，感到一种不祥的事情会发生（我们这里常说左眼跳财，右眼跳灾），这不听话的眼皮让我惴惴不安了一个上午，等我熬到放学回家。

打开家门见到的却是妈妈坐在沙发上啜泣，我扔下书包奔了过去，用手摇了摇妈妈的肩膀："妈妈，您怎么了？发生什么事了，干吗哭呀？"妈妈喉咙里哽咽出一声："你爸爸出车祸了，我等你放学一起去医院。"听到这个消息时我真想号啕大哭，我是爸爸的小棉袄，爸爸那么爱我，怎么会发生这种事呢？此时的妈妈因为太难过，身子一抽一抽的。此情此景却让我冷静了下来，我轻声问道："妈妈，我们可以去医院了吧！我想看看爸爸去。"妈妈仿佛从睡梦中惊醒，抬起头睁大了猩红如鼓的双眼，拎起一边的手包，抓向我的小手，"走走走，赶快走！"

一切都是那么一气呵成，推开病房的门，看见的正是浑身是伤缠满绷带的爸爸，他正眯着水肿的双眼看向我们，此时我的眼泪再也不受控制地流了出来，爸爸，如果可以，让你受的伤给我负担些吧！可谁都知道这是不可能的。好在爸爸并未伤及要害，这好像是我有生以来听到的最好的消息。

精心调养后的爸爸很快出了院。事虽过去，它却让我们一家人更加珍惜眼前的时光，因为开心永远比伤心好！

让信仰，陪伴人生！

雷　成

在这个花花绿绿的大千世界中，请让你最初
的信仰陪伴你走过人生。

——题记

信仰，是一种坚定不移的信念。它也许会被时光消
磨；也许会被诱惑阻挡；也许会因困难消沉。但，我们要
相信，信仰的力量是伟大的！

所以，带着信仰出发吧！

曾经读过一则这样的故事：一位刚拿到律师资格证
的湖北大学生在北京进修，他听说司法部正在举办中国首
期证券资格律师培训班。如果能参加，那么就与成功近在
咫尺了。可他因为没有审批手续被刷下来了，但他仍不放
弃，最终感动主管培训班的处长，他被录取了，而他所在

的律师事务所也成为该省唯一获司法部授予"部级文明律师事务所"称号的律师事务所，他就是——蔡学思。

看完这个故事时，我深受感动，在当下社会中，不知有多少人因为金钱、地位、荣誉而放弃了自己最初的信念，最终迷失在人生的长路上；又有多少人在迷茫、恐惧、失败中坚持遵循本心，而消散在岁月的分秒中。

是啊！谁能像霍金那样，用一根手指敲打出自己的生命旋律，即便荆棘密布的生活到处是刺，也能微笑着面对。又有谁能像海伦·凯勒那般，在黑暗无声的世界中坚持，不断与命运的不公搏击。他们都为了自己的信仰而努力奋斗。

所以，在这个世界中，人不能没有信仰，否则就像鸟儿失去了翅膀，鱼儿离开了水体。人们失去双腿就不能行走，失去了信仰就会迷茫。让我们带着信仰走下去吧！

多面新妈

赖麟烨

去年的九月，我们迎着夏天的风，来到阔别了两个月的学校，迎接我们的又一个新学年……

美丽西施

"据说，这次的数学老师是个大美女耶！""人不可貌相，说不定，还是个女魔头呢！""千万别啊，要温柔的啊！保佑保佑……"同学们众说纷纭，期待着老师的到来。"的、的、的……"一阵尖锐的高跟鞋声传来，一会儿一个靓丽的身影进入大家的视线，一阵香味随即也在教室弥漫开来。老章打扮相当时髦：金黄的头发，精致的面容，漂亮的珍珠挂坠，青绿色的衣服上点缀着红色的花印，霸气的高跟鞋。真是个大美女呀！

凶狠的孙二娘

在我们的印象中，老章的面容总是笑眯眯的，她的小嘴温和得像块豆腐，可有时候却一反常态……慢慢地，这个原本充满期待与活力的校园在时针和秒针的交集下逐渐充满了紧张的气氛，期末考试赋予了这个学校非一般的死寂。老章气冲冲地拿着一沓试卷走进教室，将试卷往讲台一丢，还没等我们回神，就破口大骂："你们考什么！玩过家家是吗！……"老章气得摔门而去。我们惊呆了！彼时的你仿佛是《水浒传》里的孙二娘。班长来到办公室请您回去的时候，您摆摆手，强忍着伤心。这让我感觉，"孙二娘"也许有柔情的一面吧。有一次，我们把报纸用透明胶捆起来，当球扔。不料，一个同学把玻璃打碎了，你狠狠地骂了他一遍。过后您把他叫到了办公室，跟他说明道理。您真让我们折服！

我们突然觉得，生气时的你，也美。因为，你心里装着的是我们！

可爱的妈妈

老章虽然四十二岁了，可还像一个稚气未脱的年轻人一样，玩着幼稚的游戏，上着QQ，说着网络上的流行语，吃着大人们忌讳的膨化零食，面对笑话毫无拘束地放声大笑……您是多么可爱。在同学有矛盾的时候，您耐心的劝导，在我们受伤时，给予我们关怀。您是我们的妈妈!

您是美丽的西施，您是"凶狠"的孙二娘，您也是我的可爱妈妈——老章。

给老师的一封信

张芳菲

敬爱的蒋老师：

　　您好！此刻的您一定还在忙吧？希望这封信不会打搅您，其实它只是带着山那边的余晖、干燥的落叶香味以及一份跋山涉水的思念姗姗来迟，简陋粗糙的文字不能完全表达我此刻复杂的感谢之情，望您谅解。

　　大家都说，老师是蜡烛，我愿说您是位摆渡人，把一届又一届学生从此岸运到彼岸，自己却总是留在了河这边。岁月悠悠，这一程就是六年。您还记得我这个在半路上船的乘客吗？是您，让我在这陌生的区域、湍急的流水上有了一个如家般的归宿。还记得吗？去年九月初开学时，我来到这个新的班级，您站在教室门口，温柔地把我带进教室，让我一眼就记住您那亲切的目光，"蒋老师"——多么美丽的称呼啊！我觉得您一定是这条河上最出色的摆渡人。

　　您不仅是我们的恩师，更像一位大姐姐。上班会课时，您会打开音乐，让我们一起齐唱我们的班歌——《明天，你好》，并认真地给我们分析歌词的含义；秋游时，在科技馆您和我们一起滑下三层楼高的滑梯；作文课上，为了让我们更好地描写看过的风景，您在班班通上展示您去新疆拍摄的照片，没用任何滤镜处理过的天然风光让我惊羡，您在阳光下的身影是那么美丽。您说到去过的十八个国家的经历更让我增添了对美好世界的憧憬和喜爱；您说读后感可以不要求字数但一定要有所悟，于是我的每篇读后笔记都写出了自己最深的感触，这使我更频繁地到图书馆借书，更乐于理解书中的蕴意……

　　蒋老师，或许这一切您都忘了，那是因为您在这河面穿梭过太多次，我只是个中途下船的学生。尽管如此，您还是深深地让我铭刻在心上。其实，我多么希望这一天，慢一点。对岸已经近在咫尺，请您放慢划桨的速度，时间并不会改变什么，我们一直都在。

　　祝您青春常在

　　　　　　　　　　　　　　　　　　您的学生张芳菲

　　　　　　　　　　　　　　　　　　2016年5月7日

秋天的回忆

赵雪花

岁月如流水一般淌过，许多往事随风而逝。但那一幕，任凭时光如何变迁，始终在我脑海中，难以忘怀。

那是一年的十月，秋高气爽。我认为这是一年中最凉爽的季节，也是我最喜欢的季节。记得那年我年仅七岁，不知道什么是死亡，更不清楚死亡的恐怖，和死亡前的恐惧。

那一天，像往常一样，我和爷爷去吃早餐。但不同以往的是，爷爷今天的笑容多了。要知道爷爷平常可是很少笑的。但不知道为什么，爷爷的笑容又让他看上去苍老了许多，他说了一大堆我听不太懂的话，例如："以后爷爷不在了，你要听爸妈的话，照顾好自己，别让你爸妈为你操心，他们很忙的。"一系列的话，爷爷虽然是笑着说的，但他的眼眶里却含满了泪水，而我则天真地回应爷爷："爷爷放心，我会好好照顾自己的，再说这不还有您嘛。怕什么呢？不用担心啦！"爷爷慈祥地笑了，我也笑了。可谁曾想这是爷爷最后一次活着对我笑了呢？

我们吃完早餐，爷爷送我去上课了。我正在全神贯注地听课呢，突然，老师接到一个电话，回来后就把我叫了出去。我刚开始还以为是我上课不够认真，被老师叫去门口罚站嘞！紧张得瑟瑟发抖。然而并不是，而我就这样被老师送到了医院，当时的我脑袋一片空白，不安地对老师说："老师，我没生病，为什么要来医院啊？"老师看着远处，那里有一群人聚集在一起，她拍拍我的肩膀，说："你家人在那，他们想见你。"我跟着老师向前走，我看到爷爷安详地躺在病床上，脸上，是今天早上对我微笑的表情。我的心就莫名地阵阵发痛，一下子就哭了出来。但爸妈哽咽着对我说："你爷爷只是要睡一个很长的觉而已，没什么的。不哭了，乖，没事的。"我止住泪水，可心还是会痛，我也不知道为什么。

如今，我长大了，懂事了，明白了当时那种心痛的原因，也记住了爷爷的那个笑容，因为那代表了爷爷爱我，疼我的心。

又是一年秋风起，看着飘飞的落叶，我的思绪又回到那个心痛的早晨……

仰望林则徐

——读《林则徐故事》有感

林尚民

"海纳百川有容乃大，壁立千仞无欲则刚"，第一次知道林则徐，正是从妈妈口中的这副对联开始。

"苟利国家生死以，岂因祸福避趋之"，虽然似懂非懂，但是从妈妈无限仰望的神情中，我感到能说出这样了不起话的人，一定是非常伟大。

于是，在妈妈的引领下，我开始特别关注这位了不起的福建老乡……

1833年夏天，江苏全省发生大水灾，大片大片庄稼全让洪水冲走；紧接着，就是可怕的饥荒……尽管这样，许多官吏还逼着灾民交税交粮，时任江苏巡抚的林则徐不顾报灾限期和朝廷斥责，详尽陈述灾情，呼吁缓征漕赋，皇上却说他不替国家着想，差点将他革职、杀头。但他说什么也不愿再去向受苦受难的灾民勒索钱粮，继续冒着生命危险向皇上请求。他冒死为民请愿的精神终于感动了皇上。林则徐的这些举动，很快在民间传开了，老百姓为之欢呼雀跃，感激万分。

"要正人，先正己"，林则徐严于律己，事事以身作则，处处为人表率。在出任湖北布政时，发出《传牌》：禁止沿途阿谀奉迎，借端勒索。在总督任内，也一直保持"一切秉公办理"的作风。在贪腐成风的晚清后期，像林则徐这样兢兢业业、廉明能干、正直无私且深受群众爱戴的好官，实在罕见。

林则徐为官数十年，先后担任许多要职，他的正直清廉，不仅为他的人民所敬仰；就连他的敌人，也不得不钦佩他的品德和贡献。第二次鸦片战争的罪魁英国人包令这样评价林则徐："忠诚地、几乎不间断地为他的国家服务了三十六年。在社会生活中，他以廉洁、睿智、行为正直和不敛钱财而著称。"

大海因为深广容纳了成百上千的河流；高山因为没有钩心斗角的凡世杂欲才如此挺拔。正因为林则徐有这种"海纳百川"的胸怀和"壁立千仞"的刚直，才能在内忧外患的危急关头，毅然决然挺身而出，开始大快人心的禁烟运动……

中国人民永远记得那天——1839年6月3日！那天，广州城里天刚蒙蒙亮，但街道上已锣鼓喧天，人山人海——人们庆祝着、感动着、快乐着……那天，近二万箱鸦片在同一时间被化为灰烬；那天，围观硝烟的中国人热泪盈眶、兴高采烈；那天，过去热热闹闹的洋馆，却死一般寂静；那天，曾经趾高气扬的洋人躲在洋馆里垂头丧气：那天更有人在洋馆楼下叫骂：洋鬼子，快滚出去，不然饶不了你！那天，洋人弯着腰狼狈地逃走了！

林则徐主持的虎门销烟，震惊中外，它庄严地向全世界宣告：中国人是不可侮辱的！

啊！多么伟大的民族英雄！每个中国人的心中都还深深地印着林则徐那慈祥的笑脸；永远忘不了他那精忠报国的样子。

读着，读着，我开心地鼓掌，我为自己和林则徐同是福建人、同是中国人而自豪。我在心中暗下决心：将来也要像林则徐一样——做个顶天立地、为国争光的男子汉！

他 来 了

黄正远

他来了，理着一头短短的头发，脸挺大的，架着一架大大的圆框眼镜，里面坐落着一对小眼睛，一脸痞样。

他很壮，白宽的校服被他穿成了紧身的运动服。我不时地想吐槽：那么粗的腿，那么高，还订155的裤子！每次从座位上起来，都要提提裤子，那么"健壮"的屁股硬生生地被他的裤子掰成了两瓣。从他穿衣服的品位来说，他是一个我行我素的人。

早读前，他来了。

他痞痞地走进教室，自以为很帅气地把书包甩在地上，一屁股扎进座位，双眼往外一瞟，把被束缚的双腿艰难地一翘，脚掌左右四十五度摇摆。整节早读课什么都不说地坐了一节课。

他最讨厌值日班长"L××"记他的名字了。他双眼厌恶嫌弃地把她从头到脚扫视了一遍，鼻子向上一拱，嘴变为轻蔑的弧度："你写就写哇，你写几百次好不？那我也不怕！"

老师骂了他几次，可仍死性不改。

午后铃响前，他来了。

他走路一摇一摆的，碰到了他看得不爽的人，就会张大嘴巴大骂一通；别人办不到他要求的事，他会脚一踢，没轻没重地教训你一下。

上课的时候，他伏在桌子上，中指直立，指甲伸进了门牙的缝隙中。生物课他睡觉，会为生物老师的奇怪口音和动作神态而发出刺耳的笑声。

种种放荡不羁下，却含了一颗想当学霸的心。

他玩世不恭以及痞气，其实他还很想进步呢。上次他考到年段一百七十七名的时候，我叫他去打球，他故作一脸挫样，说："俺要回家读书！"

其实他真的上进呢！

虽母亲反对，可跟他玩真的开心，日日如此。那天晚上，我做了一个梦，梦见他向我走来，一脸阳光，帅气……

他是我的好友赖麟烨，无可替代。

我 的 同 学

黄佳怡

相信你的身边有许多好朋友吧？刚好，我也有。就由我来介绍介绍吧！

我的同学呢，她有乌木般黑的短发，小小的眼睛和一张略大的嘴巴，还有一个小鼻子。那双眼总是眨呀眨呀的，有时冒着闪闪的光芒，有时像空洞，有时又充满迷茫。但是，发呆的神情是最常见的，一发起呆，你跟她说无数话都听不见，呼唤她的名字也没反应，除非推她一把或撞她一下，要不她就会一直这样"傻"下去。

听别人在谈论说话时，她也像个奇葩。听到一半时，我突然没听清一个词时，向她问了句："刚刚他说什么？"可是呀，我的这位好同学呐，却是看着我笑了笑，然后转过头，看向远方。我在原地被风吹的有些凌乱，没搞清楚情况，愣了愣，在反应过来后，又问了一句："你回答我问题啊！？""啊？什么？什么问题？有吗？""你，算了，你刚刚肯定没听，哎。"这爱发呆的性格是真改不了了，我也是特无奈啊！

上体育课时，她就更逗了。比如说跳远，拿别人跟她一对比，你就能发现许多奇妙的事情。跳远的预备动作不会做，真像个愣头青飞出去，呐，这一米四的成绩就是她所创下的辉煌成就。其实，更可恨的还没有说，她的个子高，腿也长，好好的一个八百米赛跑她却拿了第二，对，倒着数的！厉害吧？跳远跳不好，她很"聪明"地找了个借口：我这双腿是假肢。很有勇气地说，理直气壮地说！在旁边的我真不想认识这个人，很想离开这个地方，非常不想认识她，丢人丢到太平洋去了。

这么多事情，你们应该猜出她是谁了吧？对，她就是我的同桌余嘉惠。是不是很蠢萌？

我 的 同 窗

黄欣雨

　　他个子不高，嘴上功夫却很好。方方正正的脸上总架着一副眼镜。每当笑起时，总是露出一排让人羡慕不已的大白牙。他，也许"无人不知，无人不晓"。

　　一次位置调动，可谓"沧海桑田"，让我来到第二组。

　　"丁零零"的铃声，吹散了我们的笑声，我来到座位上。罗老师让我们马上进入课堂。可没多久，他又凑过来讲话："看，这张字多好看。"我不屑地推开他，笑一笑。此时，我正想着：半期考应该十拿九稳了吧。可突如其来的大笑让人诧异。罗老师也是笑得合不拢嘴，我懵懂地看着他们，罗老师说道："隔壁老王用得太妙了，你怎么不说隔壁老陈嘞！"我按捺不住我自己，捂着嘴捧腹大笑起来。同学们对他投来另类目光——他真的什么都懂哎。我用余光瞟他一眼，谁知他却眨巴着眼睛挑眉，我只能在那偷着乐了。

讲到这，你们对他只是片面认识，因为他也有"小脾气"哟！

他每天很早来学校，每天捧着一个篮球，每天穿着一双"耀眼的红色运动鞋"，老喜欢把右腿裤脚挽着，让人分分钟认出他。一双运动鞋，一个篮球就让他满足，也许是因为他有一颗爱打篮球的心。那天，我一如既往地来到学校。又是那抹身影，在三分线内成功将球灌入篮筐内。我心想：其实我也想学篮球。时间分秒过去……"呼呼呼"几声大喘绕在耳畔，是他。每天总是满头大汗回到班里，我拍拍他桌子，说："你怎么学会打篮球的？我也想玩玩！""好勒，我收了你这个徒儿了！"他坚定地说道。莫名其妙！我说："你也太自以为是了吧？"他说道："怎么了，别人外面六百元一个月，我就二百元，你太有理了吧！"我拍了拍桌子："五元可以吗？你算什么会打球？"他沉默不语，脸上现出几分怫然之色，我惊讶了，他不像会生产的人呀。怎么耍起小脾气了，我怕惹恼了他，又温柔地说："五元行吗？"他拗拗脑袋，说："哼，我不和你玩了！"我看了看他的小眼神，真是够呛人的，他又补充道："切！别小看我！待会你看看我的球技，迷死你！"我一身鸡皮疙瘩都起了，甩了一句："咦！真肉麻！"

你们也许知道他是谁了吧！一张郭德纲的脸，天生会吹牛的嘴。他就是我的同学——陈润泽！

最是难忘那表情

陈润泽

　　记忆像五味瓶：酸、甜、苦、辣、咸，个中滋味一言难尽。一个微笑，一个鬼脸，这让人难以忘怀的表情的背后，也像一道风景线。

　　时光老人拖着沉重的步伐来到了那一个早晨。

　　"呼呼呼"凉飕飕的寒风像刀一样划割在我的脸上。我优哉游哉地在路上晃荡着。我红彤彤的脸上显示出天的寒冷。我心想：啊，这么冷的天，爸妈不在家，反倒没人接送我学习，我这个苦命的孩子！由于我在思索时没有注意脚下有石头，脚下一滑，赤红色的血流了出来，我握紧拳头，咬着牙，可风却无情地扫荡每一个角落，此时我自己再也受不住这如朝天椒辣得我想哭的疼痛，寒冷无人的街道上随后传来一阵大笑。可这些都是徒劳。于是，我只好咽回哭声，拖着沉重的步伐艰难地走在回家的路上，赤红色的血滴在路上，让人不忍直视。

终于，我回到了家门口。我下意识地摸了摸还有体温的口袋，怎么没有？我再次固执地往口袋摸。咦？钥匙呢？我郁闷了，我急得像热锅上的蚂蚁——团团转。这时寒风又呼呼刮在脸上，它似乎吹凉了我的心，可脚上的伤又来捣乱，痛得我整只脚都绷得紧紧的。楼下有脚步声，"救命稻草"？爸妈？可却是楼上王阿姨。我只好挺身而起，强颜欢笑。她见我，立马说："欣雨，怎么在这呢？"我忙点头。她那张白皙的脸上露出似花绽放的笑容，酒窝就显现出来，眼睛眯成一条缝，我看见这副笑容，心中自然多了一丝安慰。紧接着，她又强调："快进屋，别着凉。"话音虽略显沙哑，即如暖流一般。我十分期待那种"家的温暖"，无奈之下，我只好硬着头皮去敲门，我嗫嚅地发不出声，王阿姨却面带笑意地问我："欣雨，什么事"？我吞吞吐吐地道："阿姨，我能不能……去你……家？我忘带钥匙了！"我仰头看她，她依旧是那副动人的表情，半眯着眼，露出酒窝，如母亲般抚摸着我的头。我眼眶似乎有些泛潮，红彤彤的小脸上微带笑意，如豆粒大的泪珠零散地掉落，十分的滑稽，又略显可怜。阿姨安慰我别哭，随后，发现我脚上那显眼的血色，又我为擦拭了红药水。

　　恍恍惚惚，也许事已淡忘。可王阿姨那似花绽放的表情却依旧烙印在我心上。那个笑容，我会好好将它收下。如果说世界上多了一种温暖，那能不能说是一个温暖人心的笑容？

她

张芳菲

她是我的同学，小麦色的皮肤，有时会有两片淡淡的红紫色的红晕，眼睛不大，但有神，怎么样都不会近视，笑起来弯成两枚月牙；咧嘴笑，一连串的声。文具喜欢买粉色，字体永远是方方正正的，声音细细的，说话时还喜欢用各种手势表示，短发有时扎有时放。说实话我真看不惯她留空气刘海的时候。

当然，还不止这些。

动不动就喜欢噘嘴，还必须带“哼”的一声；高兴的时候不知怎的就突然一跳一跳地自嗨起来。虽然家隔得很远，但周末有事没事不是你找我就是我找你。作业没带总是找她，虽然总是说“下次就不发给你了”，但下次还是会在下次的图片后面附上“下次就不发给你了”。可能是时间长了，有时一个眼神就有种默契。

也不止这些。

有次，周末时她来我家，从随身的包里掏出作文簿来，摊开其中的一页，"我呆若木鸡地站在那儿不知所措，望着空荡荡的马路，我怅然若失，一种无助和受挫感向我袭来，我沮丧地低着头。"她指着这句话，"你觉得怎么样。"我看了又看，其实已经挑不出什么毛病了。"挺好的啊，你还想精益求精？这不是周末的作文吗？""你看看，有什么还可以加工的地方，涂改就算了，我记着就行。"她用一种热切的眼光看着我。"嗯……我鸡蛋里挑骨头的说，其实，如果不是特殊的区域，上学的时间街道上一般不会是空荡荡的，而是车来车往，人声鼎沸的。这样的一种环境下，大家都匆匆忙忙的时候，你却只能待在原地随时间流逝，更能体现出内心的焦虑，换做是我的话，内心此时更多的应该是担心和着急，可以说是沮丧都来不及了。如果多加入一点心里的感受和环境的细节描写，可以使文章更真实、细腻一些，"我慢慢地说着，她也仔仔细细地听着，"你觉得呢？""我还真没注意这点，没想这么多。"她笑了笑。"噢，对了，我还想看看你之前仿写的那篇……"

她，是我的同学，更是我的好友，在各方面共同进步的伙伴——罗玥斯。

我爱我的家园!

罗玥斯

秋九月，我接触了新的校园，新的环境。他将陪伴着我度过童真年代。我的校园，我来了!

在故乡的小学待了三年，已经看遍了那儿的花花草草，一树一木。每一间教室，每一列塑胶跑道都是那么的熟悉。像我，学校里要是有一个室内操场便觉得是件新奇事儿；新的校园里是有室内操场的。对于一个不太喜欢看书的人来说，像我，在学校能安静地坐下看书，便觉得是件稀奇的事；在学校里可以到"东华书院"静下心来安静地看书。自然，在小学的校园内，有许多设施、设备缺乏。可是，在这个新的校园，却能有这样丰富多彩的设施，新的校园真棒啊!

设若单单是有丰富多彩的设施，也不算完美。请闭上眼想：一个校园，有花香，有鸟叫。夏天静坐在教室里聆听蝉鸣，秋冬天在教室外赏桂花这是不是一个理想的校园？这是不是一个理想的环境？

桂树花开，香飘十里。现在，教室门前的那一棵棵桂花树似乎已经做好了开花的准备，那一朵朵精致的桂花也跃跃欲试地冒出了头儿。闭了眼，树上仿佛已经满是金灿灿的桂花，那一朵朵桂花像打扮得花枝招展的小姑娘，又像被人们镶上去的工艺品一般。春天，树下的小草偷偷地从土里钻出来，野花也欣欣然张开了眼。一小片，一小片的，像极了一片五颜六色的闪动的海洋。

夏天，树木茂盛，绿树成荫，蝉鸣与鸟叫的声音交织在一起，形成了一首特别的"音乐"。秋天，金色的季节。她让学校里的树木和小草变成金黄色，让这金色的海洋，成为他的专属。冬天，我们都穿起了大衣，只有树木"光着身子"他们挺直着身躯，好似一名站岗的军人。新的环境这么美，我能不喜欢吗？

金秋九月，我满怀希望跨进这个校园。新的学校和新的环境把我带入了一个别样的天地，他将为我的人生长卷打上更丰富而厚实的底色。我爱你，我的校园，我的家园！

我的校园生活

尤婧妤

盼望着，盼望着，秋风来了，开学的脚步近了。

校园的一切都像刚睡醒的样子，有了生气，有了活力。我迷茫地走在校园的林荫路上，一切都是陌生的，心里总是有种说不出来的感觉，既紧张，又害怕，掺杂着几分激动。

走进陌生的班级，看着一个个陌生的人，喉咙像被什么东西哽住了，不知道该说什么。与大家相处了几天后，同学之间渐渐熟悉，话也多了起来。

一个阳光朗照的下午，我们迎来了人生中的第一节阅读课，大家都专注地读着，摘抄着。那一天，停电了，待在阅读室里就像是在炎热的夏天烤火，大家都汗流浃背，但是最多也只是偶尔擦一下就继续看。时间一分一秒地流逝，阅读课就这样结束了。走出阅读室，一阵清风吹过，心中因知识的滋润而倍感凉爽。

在我们最爱的体育课上，谢老师教我们英雄少年，那些学过的同学在沾沾自喜，而我们却只能硬着头皮学了。蔡辉煌同学十分投入地学着，但每个动作都会出点儿差错。但他并没有发觉，弄得全班都有点儿忍俊不禁。只见体育老师一脸无奈地走过去纠正，可是没过几分钟，动作又变形了。真是一脸的尴尬啊。

跑操时光，刘武裕竟然和魏俊波聊起了王者荣耀，他一边滔滔不绝地说着，一边双脚不受控制地挤过来。先前我并没有在意，只是不厌其烦地把他推回去，可他还是一而再而三地挤过来，嘴里念叨自己在王者荣耀里硕果累累的战绩：用荆轲拿五杀，扁鹊拿三杀，猴子上超神……直到我忍无可忍。我那一双犀利以及极其不信任的目光盯着他，他被我瞪得浑身不自在，也就只好乖乖地闭上嘴。

这就是我们班，集万千性格于一体的班级：上进的，开朗的，文静的，调皮的，搞怪的……我喜欢这样的班级！

风雨下的成长

母　亲

黄敬宇

　　盛年不重来，一日难再晨。及时当勉励，岁
月难待人。

——陶渊明

　　浮生若梦，为欢几何？

　　天空之所以广阔，是因为它容纳全部的云彩，不论其是美是丑；大海之所以广阔，是因为它容纳全部的水滴，不论其是清是浊；母亲之所以伟大，是因为她付出了全部的挚爱，不论你是否明白……

　　偶然间，寻到了那张旧照片——微微泛黄，岁月让它留下了抚不平的褶皱。一位青春靓丽的女子，笑容洋溢，让人看得心里暖洋洋的。

　　我感叹时光流逝——那相片中的女子便是我的母亲。

我想象得到在那阳光灿烂的时节，葱郁的竹子在波光粼粼的小溪旁拔节生长，时光饱满地沉淀在母亲的眼中，散发着青春的气息。

我想，无论时光怎样流逝，母亲的笑依旧暖和。正想着母亲如我般年纪会是怎样一番模样？她却不曾说起。只是在闲暇，会摸着我的衣裳静静的沉思着，思绪万千……

此刻的我，透过穿衣镜看到母亲身着流行服饰时，竟然捕捉到了她脸上的一丝落寞，岁月像把杀猪刀在她的脸上刻下了条条皱纹，她曾对着镜子自嘲的笑："那是很多回不来的东西，我管它叫青春……"

我想我是爱母亲的。即便平日里我被她的唠唠叨叨弄得心烦意乱；即便她被琐碎家务事压得气喘吁吁，常常发出千万声抱怨；即便她逐渐成为许许多多中年妇女其中的一员，我对她的爱，依旧有增无减，而且愈发强烈。

我与母亲的相处方式很普通，那厚重之爱，都在时光的夹缝中，暖曤心头。

父亲的笑

黄 鋆

有的人喜欢在山林里听鸟唱，虫鸣，泉水叮咚；有的人喜欢在暗夜里仰望星空浮想联翩；有的人喜欢在书页里体验遨游畅想……但我喜欢的不过是这世间常见，最普通，最自然——父亲的微笑。

父亲的笑，是一剂止疼药。

小时候，家里有一辆自行车，爸爸常骑着它走遍城市的每一个角落。迎着风，响着铃，踏着脚踏板，我眼中的父亲帅气极了。这让我不由得产生了想学骑自行车的冲动。由于我年纪尚小，父亲迟迟不愿意教我骑自行车。

这小小的愿望在我心里深深地扎了根，发了芽，越来越强烈了。

在我百般哀求中，父亲终于答应我的请求。于是，空旷无人的操场便成了我的训练场。父亲，后面推；我，前面蹬。渐渐地熟能生巧，身子似乎轻盈自在了许多。得意之时，回头一看，父亲呢？惊慌之中，"啪！"一声，连人带车重重摔倒在地上。屁股传来阵阵火辣辣的感觉，膝盖磨破了皮，鲜血渗了出来。"哇！"坐在地上的我，号啕大哭，泪水夺眶而出。此时，一只大手立刻托起了我，抬头，只见父亲微微一笑，我顿住了哭声，勇敢站起，拍拍身上的尘土，忍着抽噎，重新上车。功夫不负有心人，我终于学会了！

父亲的笑，是一缕和煦的春风。

记得一次模拟考试，紧张而激动，但却没掌握好时间，成绩不尽如人意，内心充满了委屈，"明明都能做对的题目，就因为自己的疏忽，让后面的题目都没有时间作答了！"生气，对自己生气，我责怪着自己。捏着卷子，站在父亲面前，不敢抬头，怕！很怕！"滴、滴"眼泪不自觉滚落，心里特别不是滋味。父亲接过卷子看了又看，摸摸我的头，微微一笑："下次可别犯同样的错误哦！"没有发问，没有责备，我感受到父亲是懂我的，一阵暖意涌上心头。

从那以后，我努力学习，成绩在班上名列前茅，父亲的笑，时时映在脑海之中。

时光荏苒，父亲不在已许多年，但父亲的笑久久停留在心中，给我力量。

茉莉·母亲

江雨婷

> 那年，思念灌溉着质朴，质朴回馈予清香，清香萦绕于心，慢慢地，思念成了我的珍惜与感恩。
>
> ——题记

太阳变了张脸，无声息地从柔和到火辣；雨滴换了心情，阴郁郁地从缠绵到淅沥；小草穿了新衣，欢欢喜喜地从嫩绿到墨绿……时间推移，春去夏来，人之常情。

微风轻轻起，掺夹着一股沁人心脾的清香，这香味似乎把我引入了仙境之中。我顺着这香味，寻找着"爱丽丝"，不自觉来到了邻居家门前。我仰起头，环顾四周，目标锁定——邻居家的阳台。只见一排排的茉莉，有含苞待放的，也有在阳光照耀下咧开笑脸的。远远望去，就像身着素装的仙女，从层叠的绿叶中露出娇羞的小脸。前夜，见它还是腼腆羞涩。是入夜后悄悄绽放的么？花开无声，怕惊扰梦中人吧！阳光初现，它以最美的姿态，最灿烂的笑容迎接朝阳的升起，并且释放出全身的香味，予人一个清新的早晨。

我不觉想起了我的母亲，啊——

那年夏天，我到花店买来了一盆满是花骨朵的茉莉。它正处于花期，淡淡的清香，洋溢着整间屋子，再加上母亲对它的赞美，令我对它的喜爱有增无减。

秋雨，一滴滴打在花朵上，一朵朵凋零，我决心以最大的努力来照顾它，使它能在第二年夏天华丽绽放。无奈离家求学，茉莉，我已无力照料。母亲似乎看出了我心思，便答应替我好好照料。

求学在外，心里却一直记挂着那株茉莉。难得回趟家，从奶奶口中得知，母亲对我的茉莉照料有加，给它们施肥、浇水，有时还能听到母亲对着花儿说话。我知道，这是母亲对我的思念。隔着远山连着高峰，茉莉的成长是最好的证明。

这年的夏天，茉莉盛开，较邻居家的更茂盛、更芳香。它们不再娇羞，落落大方地绽放着，清香扑面而来，然而此时的我却泪流满面……

声音的陪伴

温桂香

  每当回忆那段往事，心中总是温暖如春，妈妈熟悉的声音在耳旁挥之不去。她，温柔而有力，能带给我无限的能量。

  我怕黑，怕独自一个人的黑夜。

  记得有天夜里，我一人独自在家写作业。这不，刚放下笔，整间屋子的灯就灭了，"咯噔"一下，我的心提到了嗓子眼。抬头，透过窗子看看对面楼，同样漆黑一片，"噢！该死的，居然停电了！"我不禁抱怨一番。

  借着微弱的月光，摸索着，我打开抽屉找到了蜡烛和打火机。黑夜中，蜡烛的火苗在上下蹿动着，像只顽皮的小精灵，我的心稍稍得到了片刻的安定。

  "呼！"一阵突如其来的风把蜡烛吹灭了，之前房间里微弱的月光也不见了，屋子里顿时漆黑一片。恐惧，充满了我身上的每一个细胞，像一只无形的大手压得我喘不过气来。我的手紧紧抓着抱枕，蜷缩在沙发的一角，鬼故事迅速"占领"我的大脑。正当我手足无措之时，手边的电话铃响起来了！接起电话：

"哇……"我不由得哭出了声。

"孩子，怎么啦？"耳边传来妈妈关切的语音。

"停——停电了。"我泣不成声。

"孩子，别怕，和妈妈说说话，听着哦，站起来，试着走到你点蜡烛地方，重新点起蜡烛！"

黑夜中，我分明听到了自己的呼吸声，那么清晰。迎着风，我在这漆黑的屋子里艰难地挪动着脚步，妈妈鼓励的话语时时在耳边响起。终于，我摸到了打火机，再次点燃了蜡烛，小火苗依旧上下跳跃着，像是在嘲笑胆小无助的我。

时间一分一秒地过去，电话那头的妈妈依旧和我聊着天，虽然我知道此刻的妈妈定有很多事等着她去处理。

"哇！灯亮了！灯亮了！"我叫出声。

"哈哈，傻孩子，现在还怕么？"

"不怕了，妈妈，您去忙吧！早点儿休息哦！"

"好的，你也早点睡觉，明早还要上课呢！"

一个电话的陪伴，温暖着黑夜中心惊胆战的我，给怕黑的我带来无限的力量。

虽然您因为工作原因不在身边，却在我需要时，用声音陪伴着我，给我鼓励，给我安慰，促我成长。

静 待 花 开

若 辰

望着眼前这朵怒放的山茶花，嘴角微微上扬，陷入了回忆中。

记忆中，那座童年小镇充满理想与美好，使我久久不能忘怀。那个金黄的午后，我将理想的种子播种在这片土地上，开始了人生旅程的拼搏与等待。自此，每一个鸟语花香的清晨总会有一双天真的眼眸专注地锁着一颗一颗晶莹的露珠跳进这片土地。

渐渐的，那颗种子变得勇敢起来：它离开了母亲的怀抱，独自成长。而我，也开始步入学堂为了理想的实现而努力。每个夕阳西下的黄昏，我总是心花怒放地在园子里与她分享学堂中的趣事，希望它快长大绽放美丽的花儿……

光阴如梭，幸福的日子总是飞逝着——我要离开这个偏僻的小镇，走向更繁华的站点。临走那天，阳光明媚，我怀着对未来的憧憬踏上客车。猛回头，又瞥见那绿芽儿在风中摇曳，它，又长高了。那油光发亮的叶子仿佛正向我招手，那股绿流入我的眼里，流进我的心里。

那个雾蒙蒙的雨天回到家，我双手托着腮帮子呆呆地看着桌上的卷子，这次考试很不理想，对于好胜的我，无疑是一个沉重的打击。我望着窗外，天空不美，下起了雨，黑压压的，好似在哭泣。我就像一个迷路的孩子找不着回家的方向。突然，我看见那棵正在承受着风雨打击的绿树：雨点儿毫不留情地打在它的身上，它低下头去，不一会儿又抬起头，迎接着雨滴，挺立在风雨中。

一个稚嫩的影子，浮现在我的眼前：一个孩子——那个为了理想不断努力的自己，迎着风，努力奔跑着。我的心为之一振——当初那股子拼搏，向上，勇往直前的劲儿，哪去了？我笑了，因为我明白了。

雨，慢慢停了，天空也晴了。

我再次望向窗外那棵树，在雨后阳光的照耀下，它仿佛更加有生命力，散发着不一样的光芒。

日复一日，年复一年，迎着风浪，不忘初心，静待花开的日子。直到那天，我装着年段第三的喜悦回到家，推开窗，一朵怒放的山茶花，光彩夺目。我的嘴角微微上扬。

逐梦的过程中，等待是一把利器。静待花开，在等待中拼搏；在等待中奋斗；在等待中微笑。

感谢那个陪伴我童年的人

夕　西

　　小时候，爸妈因工作忙，把我寄养在奶奶家。奶奶，就成了我童年记忆中最重要的那个人。

　　奶奶家有一面土墙，它见证我的成长。

　　春天，是播种的好季节。奶奶领着我到土墙根儿，种下一棵槐树苗儿。给它浇水、施肥，盼着它快快长大。调皮的我，总是将吃完的苹果核也种到地里去，就在这槐树旁，天真地想：就让它们比一比，看看谁长得快、长得高、长得茁壮。每天我偷偷地给我的"苹果树"浇水，期待他快些破土而出。眼看着奶奶种下的槐树苗已经抽了新芽，我的内心很着急。有一次，我还去将槐树新生的嫩叶给剪掉，希望它慢点长！然而我的努力似乎没有得到一丝的成效。

　　夏天，从蛙声和蝉鸣中走来。经过一年的生长，槐树开花了。奶奶家的院子里，飘着槐树的花香，我心中难免责怪着那不争气的"苹果树"，但也着实为槐树的开花而感到高兴。奶奶常搬一张摇椅到这槐树下去乘凉，摇着扇子，睡眼惺忪。我爬到那土墙上去，摘一把槐树花，对着奶奶撒去，奶奶慈祥地笑着说："天女散花啦！"然后我就乐呵呵地扑进她怀里。

秋天，在期盼中走来，带着丰收的味道。我问奶奶，苹果树什么时候结果？奶奶说，秋天。我兴奋地跑到"苹果树"旁，期待看见满树苹果，失望而归。古灵精怪的我想到了另一个"好办法"——把我的梦想，写到一张卡片上，然后埋进那种着苹果核的土坑里，或许土地仙子能感受到我满心的希望，能助种子一臂之力，促它发芽，开花，茁壮成长！不知何时，奶奶发现了我这古灵精怪的方法，什么也没问，只是默默地为它浇水。

"苹果树"，终究没有见得天日。而奶奶，却陪着我傻了几年。

每每想起奶奶的陪伴，心里总是暖洋洋的。

风雨下的成长

肖美琴

雨中，我怔怔地望着。那棵树，光秃秃的，待在那个角落。

不记得已经走了多远，只是觉得有了些许寒意，便在此地驻足停留。

春，悄悄地吟唱着小曲，我看着时机成熟，顽强地挣开枷锁。黎明在一点一点靠近，希望在一点一点延伸，我作为一枚顽强的种子终于顶破冻土，伸出嫩芽。

此时，下起了蒙蒙细雨，芽儿贪婪地吮吸着。上天似乎特别眷顾我这小生命，给我的生长总提供着良好的条件。

日复一日，年复一年，承蒙上帝疼爱，我长得出众，竟觉得周围的同伴太过普通。

暴雨毫无征兆地来了。我高傲地昂起了自己的头，接受着这暴风骤雨的洗礼。然而，这雨来得比想象得更糟糕。大风，"呼……呼……"吹着，毫无章法；雨，肆无忌惮地打落在身上，电闪雷鸣。我开始心虚了，低头，叹息，渐渐闭上了双眼，正当我准备彻底放弃时，周围的朋友们大声地呐喊着，彼此互相鼓劲，这声音洪亮无比，猛然间，一个念头冒了出来：不！我不能屈服，我要坚持……

"咔嚓！"，我听到了一阵声响，清脆而响亮。风，把我拦腰折断，这对一棵新生的树来说几近致命的打击……

我，依旧坚持着，任凭风吹雨打……

终于，雨停了，风歇了，太阳露出了笑脸。我引以为傲的粗壮的枝条，光亮的叶子，在这暴风雨中凌乱不堪，我愣住了。半晌，我才回过神来，看着光秃秃的自己，仿佛全世界都在窃窃嘲笑。我的一生，骄傲的一生，就此结束？不！绝不！我不甘心。阳光撒在遍体鳞伤的我身上，那么的柔，那么的暖。我将所有苦闷藏在心中，奋力地吸取养分，有机物，渴望回到以前，希望快速长成一棵参天大树，庇护所有的大树，去另一个更高的天空呼吸新鲜空气，所以我现在要更努力地恢复，生长。

期待下一次的暴雨，我定会成功熬过风雨，长出更为强壮、有力的臂膀。

花开会有时

罗俊强

你可曾见过昙花盛开的模样？你可曾见它努力等待盛开的模样？你可曾见过它盛开过后落败的模样？它为了展现自己的价值积蓄了一生，换来的只是那刹那间的美，足以让人铭记。

我们理应像昙花那样，努力学习，积累知识，展现我们的价值。这就需要我们在学习中做到——坚持，忍耐，等待花开。

坚持。

贝多芬是德国伟大的音乐家，从小体弱多病的他，为了自己的梦想努力地坚持着。正由于他的坚持，使他学有所成，但就在他功成名就时，却又意外查出失聪。他并未消沉，乐观积极创作，最终成为举世闻名的大音乐家。他的人生，坎坷不断，却从未放弃，这就是他成功的重要原因之一。只有承受了别人难以承受的，才能获得别人所未获得的成功。付出和收获是成正比的，命运对每个人都是公平的，掌握在自己手中。

忍耐。

"越王勾践破吴归，义士还家尽锦衣。"越王勾践被吴王打败后，不甘落败，于是忍辱偷生，留在夫差身边，受尽百般羞辱。最后率领三千精兵，直捣黄龙，打败吴王，成功灭吴，一雪前耻。十几年的忍耐，换来的是最后的胜利花开。这是一个漫长而又艰辛的过程。过程中也许满是荆棘，困难险阻不断，但我们决不能轻言放弃。在等待花开的过程中应该忍耐，等到成功之时让所有人都为之惊叹，在别人的惊叹声中倾听那花开的声音。

等待花开，是一种信念，一种力量，更是一种哲学，它诠释了我们努力的过程中的美好。梦境中，我似乎看见花的世界，而我站在花海中，沐浴着花的芬芳，一切变得如此美好。

背　影

心　怡

也许，很多年以后，我会为那次的背影而流泪，心中溢满了幸福。

小时候，我是在奶奶家长大的。那时身体弱，经常咳嗽，把心疼我的奶奶都急坏了。后来寻来一个药方。奶奶终日守着药罐为我煎药，弄得满手都是药味，衣襟上落满了黑乎乎的药渣。

那一段时间，每逢午后，在温馨的饭桌旁，回头看，看向满是油烟的厨房，瞥见奶奶那驼背的背影儿，苦涩的药味涌进鼻腔，却全然不顾，心里暖暖的。

后来，我的咳嗽治好了，父母考虑我上学，就把家从老家迁到了清流。离别之日，班车渐渐行驶，我猛地推开窗户，看到站在班车站牌下的奶奶……风撩起奶奶耳旁的几缕白发，她看向我，可是却够不着。她微眯着双眼，踮起脚仰起头的背影烙进我的眼中，挥之不去。

　　但等我再回来时，她已经走了，那天我哭干了泪。

　　一日夜晚，返家途中，脑海中不由得浮现那日的情景，便猛地推开窗户，忽然涌进的晚风使我的头发肆意飞扬，我回头看，明知不会有奶奶的背影，却还是睁大眼睛看着，看到车流穿梭，车灯耀眼，人群来来往往。我的泪忽然流了下来，隐约闻到了那苦中带甜的药味，久久回味在心头……

　　岁月不紧不慢地流逝，奶奶那被风吹起又落下的白发，她踮起脚仰起头时的背影，让我体会到幸福的含义……

幸福的味道

诗　煜

　　幸福是什么？每个人的定义都不尽相同，而我最大的幸福就是吃奶奶包的粽子。

　　每年端午，奶奶都会包粽子。在我心中，奶奶包的粽子最是好吃，形、香、味俱佳，可谓"天下第一"。外面儿买的粽子虽然个头儿大，比较饱满，味道也不赖，但是与奶奶包的比起来，就是一个天上，一个地下了。奶奶包的粽子，形状像臃肿的小胖儿，边缘紧凑，精致优美，馅儿香醇味浓，糯米特别软，外面儿的粽子则软趴趴的，没有灵气。

　　奶奶的手指虽然粗糙、笨拙，但包起粽子来似乎比妈妈缝衣服还灵活。她包的又好又快，不一会儿工夫就能包一盖垫。粽子们在盖垫上整齐地排列着，像威武的军人，仿佛即将上阵杀敌，好不壮观！

每一次，粽子还没煮熟，我和弟弟妹妹们就像个小馋猫把灶台围得水泄不通，贪婪地嗅着诱人的香气。粽子刚一出锅，我们便饿狼扑食似的冲上去。我一边护住自己的那盘粽子，一边追着别人，嘴里还嚷嚷着"再给我一个"。有时，我们还会为了一个粽子大动干戈，闹得谁也不理谁呢。但一转眼，我们就会和好，还会比谁吃得快呢！奶奶看见了，总是笑着对我们说："慢点吃，锅里还有呢。"

　　吃粽子的时候，总是最幸福的，拿起一个粽子，轻轻解开枯黄的草绳，捏住墨绿的粽叶，粽叶的一角缓缓掀开，露出玛瑙般一粒粒晶莹剔透的糯米。大大的咬一口，又滑又软的糯米在我的嘴巴中一次又一次地咀嚼，久久不能咽下，再咬第二口，我的味蕾开始颤抖——太美味了，甜甜的糯米配上酥滑的鱼豆以及微咸的腊肉，简直无法自拔……

　　正是因为我特别爱吃，妈妈向奶奶学习了包粽子的手艺，但她包的粽子总是不如奶奶包的吸引我，妈妈包的粽子又小又瘦，馅儿调得不如奶奶调的味道鲜美。所以，只要一听到又能吃上奶奶包的粽子，我的口水便会"飞流直下三千尺"。

　　今年，奶奶走了。也就没能吃成奶奶包的粽子，端午节无趣了许多，吃粽子 也乏味了。似乎，只有奶奶包的粽子才是真的粽子。

　　这份幸福走了，但我会把这幸福的味道永远留住……

有你，我才心安

叶文珠

爸爸是一个球迷，他最爱看球赛了。这是一个平静的夜晚，我坐在餐桌旁，正准备吃饭，我连声呼唤着爸爸，可就是没有人回答。我顿时就恼了，从凳子上站起身来，走到爸爸面前说道："爸爸，快吃饭了！"爸爸头也不回地答道："好，好，等这局看完就来。"可等到我和妈妈都吃了一大半了，爸爸还在那里高呼着。我只得又喊道："爸爸，快来吃啊，球赛有那么好看吗？看的你都废寝忘食了。"爸爸这才从沙发上起身走过来。但是，这并没有阻止爸爸对球赛的狂热。他边看边吃着饭，不时还跳起来拍手叫好，一旁的妈妈和我都给吓了一大跳。

爸爸也是一个爱书法的人。他从小就非常喜欢写字。每天下午两点整，他总会定时挥起他的那支"神笔"，在纸上龙飞凤舞。有一回，我想挑战一下爸爸的"底线"。

可是刚开始就输在了起跑线上。爸爸得意地对我说："就你还想挑战我呢，再等个几年吧！"我咬咬牙，觉得爸爸太小瞧人了，以后一定要打败他，挫挫他的锐气。

爸爸还是一个爱运动的人。这是一个炎热的夏天，天空已经呈现出了它那深蓝的情意。一眼望去，就可以看见爸爸朝着回家方向跑来。忽然，妈妈叫我去买东西，我半天没有答应。正巧爸爸刚好到家，听到妈妈的话，连忙说："我去，我去，反正我也闲着没事干。"我诧异地问道："爸爸，你不累呀？才跑回来就又跑出去。"爸爸微笑着说道："这么个锻炼的大好时机，怎么会累呢？"说完，就走了。

爸爸经常会给我和妈妈带来噪音，但是，如果哪天没听到爸爸的噪音，我会莫名地心慌，这噪音让我和妈妈过得踏实、安心。

母　爱

李　昊

　　当当……时针已经十点了，我还坐在电视机旁津津有味地看《熊出没》呢！在一旁织毛鞋的妈妈叫我赶快睡觉去，可我却无动于衷。

　　时针又转了一圈，我仍雷打不动，稳如泰山地坐在电视机旁，这回妈妈可真生气了，站起来推了推我，我不耐烦地说："等一会儿，再看五分钟。"可妈妈不留情面，上前就把电视关了。我想，不让我看我偏看，"啪——"电视机又被我打开了。接着，就听见："啪啪"，妈妈给了我两记耳光。我猛地一抬头，发现妈妈眼里满含怒气，继而又满眼泪水。我捂着脸跑回了房间，砰地关上房门。

　　夜深了，我并没有睡，还在哭泣。我忍受不了妈妈的严厉，我是她唯一的儿子，是她的心头肉，她怎么忍心打我？总之，我觉得妈妈就不对，不该打我。想着想着，委屈的泪水又涌出了眼窝儿。

这时，门开了，妈妈走了进来，我赶紧用被子蒙上头，闭上了眼睛，强止哭泣，怕被妈妈看见。妈妈进来后，把我身上的被子掖了掖，又把头上的被掀开，摸了摸我的脸，小声地说："妈妈不想打你呀，你一向很听话，可今天……唉，这怎么叫妈妈不生气呢！原谅妈吧！妈也是迫不得已的"。

俗话说："打在儿身痛在娘心。"这时，一颗"珍珠"打在我的脸上，顺着面颊流到了嘴里，这甜甜的"珍珠"呀！不知什么力量把我一下子推了起来，扑进了妈妈的怀里，发自内心地喊了一声："妈妈，你是我的好妈妈！"

是呀，母亲就是这样的平凡，母亲就是这样伟大，不需从惊天动地的事中体现出来，也不需要物质的交换，而是靠心灵的沟通和理解。这时，我耳边响起来一首歌：世上只有妈妈好，有妈的孩子像块宝，投进妈妈的怀抱，幸福少不了……

我的科技梦

刘　晖

记得，小学第一堂品德课，老师讲的便是梦想。于是我立起了长志，我要成为一名像爱迪生，不，比爱迪生还伟大的发明家！

为了这个梦想，我常想训练出像爱迪生一样的耐心，只为了往后我能在上千次的实验后得出真理，也常想像牛顿一样坐在苹果树下，只为了能被砸一下，找到灵感，可是都事与愿违。并没有什么较大的收获。

新学期开始了，各种课外活动随之而来，其中，我发现了"课外科技展览"这一项，心想：这可是我实现梦想的第一步，可不能错过，不过参加这项活动并没有太多人，因为参加活动时并没有老师陪同，家长们都觉得不放心，便不让他们参加了，我也只能碰碰运气，希望爸妈心情好能同意，果不其然他们拒绝了，不过这也不能打消我的决心，我决定偷偷去，从我积蓄多年的小钱包掏出零零散散的钱，交上了明天展览的门票。

第二天，到了学校，来到科技展览中心，一推门，琳琅满目的科技作品映入眼帘，首先是里面最大的一件科技品叫球幕影院，说它是影院还不如说是一间球形的小房子，开启后，只见技术人员拿了一个手电，对着它一照，这影院就开始转动，一幅幅生动的画面顺着手电的光折射出来，让人兴奋不已，第二个是全自动人形机器，外貌是一个年轻漂亮的女生，当你与其交流谈话时，她便会热情地回答你的问题，有时还能跳段舞蹈，很难让人感觉她是机器人。

时间在快乐中飞快地流转，原本晴朗的天空转眼漆黑一片了，而我还沉迷在科技的海洋里无法自拔，直到活动结束后，我才发现已经八点了，这么晚都没回家，爸妈一定急坏了，带着恐慌的心情，怕黑的我，如同找到光的昆虫，一路向家奔去。

到家后，我虽然被爸妈数落了一顿，但我还是很开心，因为有梦想陪着我。

心　梦

玉　飞

　　梦想是一座灯塔，照亮你前进的道路；梦想是一艘轮船，驶向你成功的彼岸；梦想是一位魔术师，变走你成长的烦恼。

　　夜晚的时候，天上的星星努力地发出那微弱的光辉，卧坐在床上看书的我，津津有味地品尝书中的酸甜苦辣。可是，突如其来的一声深沉，打破了此时的平静。我还没反应过来，就已经被神秘人拉走，措手不及。

　　穿过时光隧道，我来到未来二十年——2037年，而此时的科技发展得出乎我的意料，地上已经没有了马路和车辆，取而代之的是各种神奇的宇宙飞船；指挥交通的已经不是交警，而是一个个超高智能的机器人；房子不再那样平凡，而是可以无线遥控的智能房；人们手上都戴着一款新型电子智能手表，摁一下开启键，会出现几个选项：瞬间传送，购物，视频通话……种类繁多，有许多我从没见过的功能，那使我欣喜若狂。

美好新鲜的事物太多，想把自己传送到一个人的地方慢慢消化。开启手上的电子表，想想人生地不熟，那就随便摁，碰碰运气吧。而之后的景象让我不得不感谢命运的安排：我看到了二十年后的我成为一名科学家！一连串信息让我的脑子缓冲不过来，压抑着内心的激动，我小心翼翼地走向二十年后的我，生怕打扰了专心工作的他。我静静地看着，感受着：一串串极难记忆的代码，一项项新奇智能的发明，额头上的滴滴汗水，深深感触着我。二十年后的我在为世界工作，为国家工作，为人民工作。挥洒着汗水，挥洒着勤奋，见证着我辛勤的劳动成果。看了，又看，二十年后的我，成为科学家的我，感动着站在一旁的我。

一棵树的自述

亚 洁

我是一棵树，有枝叶，有树干，与同伴们幸福地生活在一起，普通得不能再普通了。

春天，望着满山的绿色，我情不自禁地舒展四肢，长出绿绿的嫩芽；夏天，人们来树荫下乘凉，我看着孩子们玩耍、嬉戏；秋天，大家身上的叶子都慢慢变黄，像一只只黄色的蝴蝶在空中飞舞；冬天，我跟随大地妈妈，进入了甜甜的梦乡……一年四季，我都这样幸福地生活着。

可是，好景不长。我们每天吸收着二氧化碳，吐出新鲜的氧气，却始终得不到人们的怜惜。那天，人们为了自身利益，终于拿起电锯，一步步向我的兄弟姐妹们逼近。电锯伴随着刺耳的声音，疯狂地撕咬他们的肌肤，"不，不要！不要！"他们痛苦地呻吟着。树的汁液里掺杂着透明的泪水，流在大地妈妈的掌心上。我怀着悲痛的心情目睹着一个个亲人的离开，可自己却无能为力。终于，轮到我了。我不想像亲人们那样，狼狈地呻吟，只是忍着疼，安静地躺下，我静静地走了。

从天空俯视，一个个大大小小的圆木桩像一块块丑陋的瘤子留在了大地妈妈的身上。圆木桩的旁边，十几个工人手上正拿着电锯，迈向我的同伴们……画面越拉越远，全球各地都在发生着这残酷的一幕。

看到这一切，我的眼泪从心底里流了出来。人类啊！你们迟早是会后悔的！失去了我们：土地荒漠化、水土流失，全球气候上升，动物没有家，生态循环被打破……如果你们不及时补救，你们会因为一次次恶劣的自然灾害而备受折磨，你们的子孙后代将陆续灭亡……醒醒吧，人类！

聆听四季

静 云

四季，四个不同的季节，每个季节都不同。每个季节代表的景色也不尽相同。走！让我们一起去看看吧！

在春天，我觉得应该来到一片古木参天的大森林里，听听大自然的声音，看看美景吧。在一片树木旺盛的森林中，有着许多动植物还未睡醒，所以这时候需要一场春雨把它们从睡梦中唤醒。这时天空中突然落下了几颗银豆豆，呀！下雨了！这绵绵细雨唤醒了这片沉睡的森林：小草不知在什么时候从土里冒出头来，不远处的小溪边，青蛙们在那儿欢乐的唱着歌，不知鸟儿躲在何处卖弄着清脆的喉咙，树木也好像因这场雨变得更加翠绿了。不知不觉，雨停了，空气中弥漫着淡淡的泥土气息，真是令人心旷神怡啊！

在夏天，炎热的太阳炙烤着大地，这时候人们马上就会想起大海吧，可是，我第一个想起的是夏天的雨。树林里，突然下起了雨，豆粒大的雨点儿，从天而降，吓得小动物们赶紧跑回了家。雨越下越大，天空变得阴沉沉的，雷神打起了雷，还刮起了风，树木们都害怕得在风中瑟瑟发抖。不知过了多久，雨终于停了，树林里突然响起了蝉鸣声，蛙叫声，鸟儿也在欢乐地唱着歌，天空也出现了一道彩虹，正如那句话所说："不经历风雨，怎能见彩虹。"

秋天，最美不过落叶与夕阳红。一个人走在羊肠小路，落叶纷飞，像是一只只在风中翩翩起舞的蝴蝶，快落山的太阳染红了半边天，一个人低着头孤零零地走着，突然听到了什么，猛然抬头，看着不远处向他招手的伙伴们，笑了，向他们奔了过去，一路上一群人说说笑笑打打闹闹的，让这个孤寂的秋天，不再孤单。秋天，落叶与夕阳虽美，但有亲友陪伴更美。

冬天，雪给山穿上了银白色的外套，许多动物已经冬眠了，森林里变得寂寞了，但是在雪地里，孩子们开心地玩耍着，传来一阵阵笑声。

四季的风格不同，让我们静下心来，聆听它美妙的音乐吧！

我爱美丽的大自然

焱 辉

大自然以最独特的手法，装点了我们生存的环境，让我们无时无刻不在感受生命的美丽。

当清晨的第一缕金光撒向大地，走在阳光灿烂的小路上，不经意地一瞥，一朵花瓣，在枝头滑落，伴随着几片落叶，飘飘扬扬地落在地上，微风轻轻吹拂，将它们带到了那遥远的天边……

当我们驻足森林，耳边总响起婉转而动听的声声鸟语、阵阵歌声。蓝天上飞翔的鸟儿，展翅翱翔的雄鹰。它们都用自己最亲切的语言表达自己对大自然的喜爱，用最柔美的歌声表达对大自然的感谢，感谢大自然给了自己生命，感谢大自然给了自己一个美好幸福的家园。

当憩于静静的小池边，遥望远处那密密的竹林，实在是绿得可爱，一条幽幽的小径直通远方。低头倾听桥下的流水声，淅沥淅沥地欢快而平静地流淌，仿佛在与大自然愉快地私语，倾吐自己的心思与喜悦。

在瑟瑟的秋风中，落叶顺着秋风飘到了地上。从相伴了一生的枝头上悄悄地落下来。它没有一丝埋怨，因为她的一生都奉献给了人类。冬天，为了大树的休养生息，它依然牺牲自己，不向大树争养分，不给母亲添烦恼，断然从树上落下来，悄然离去，回到了哺育、抚养它的土壤中，化做养分，把自己的一切又全部献给了大地。

当我们身临浩瀚无垠的大海面前时，听着海的呼吸，感受海的气息，体会大海的那种种与世无争、平静和那深沉的力量以及那沉默的美。尤其是它那宽广的胸怀，包容万物的情怀。它对待世界万物是最公平的。

当我们身处一泻千里的长江，和那奔流不息的母亲河黄河。看见它们那黄色的血脉，永久不息的生命力，那咆哮的力量和那博大的胸怀，足以让每个中国人为它感到骄傲，它象征着我们中华民族的精神，它是我们中华民族的灵魂。

大自然的美，在于每一滴水，每一棵树，每一朵花，每一株小草和每一块石头。感悟它那微弱而坚强美丽的精神。大自然的美，在于四季，感悟它生命的更换。

朋友，大自然的美需要我们投入它宽广的怀抱，全身心地领悟。领悟它内在的独特的美，领悟人生，领悟哲理。那样我们会拥有一颗善良的心，美丽的心，纯洁的心。那样我们会很幸福地聆听到大自然的声音！

父　亲

廖基铃

　　偶然的机会，到原来的家附近闲逛。一切仿佛都已改变又仿佛都没有变，我在那条熟悉的小路上走着。五月的风轻轻拂过脸颊，带着些许温暖但又不炙热。淡淡的花香，夹杂着熟悉的气息袭来，阳光通过路旁的树荫缝隙洒下，碎了一地，闪闪发亮。我脑海中出现了一副温暖的画面：深秋时节，灿黄的树叶铺满了整条小路，远处，一个小女孩儿正趴在爸爸背上，脸上笑得满足而灿烂，心里满满都是温暖。

　　在这里住时，我还在上小学，课业并没有现在这么繁忙，每天吃完晚饭后爸爸总会带我去附近的小路上散步。若是金秋时节，路上总会铺上一层金黄的地毯。夕阳轻抚着那地毯，折射出温暖却不耀眼的光。我总是蹦蹦跳跳地跟在爸爸屁股后面享受着令人惬意的风景。爸爸步子大，所以即便他减慢速度我也总是跟得很费力。没一会儿便累了，于是爸爸总是轻轻转身将我背起，我总是将头紧紧贴在爸爸宽厚的背上，享受着一种安全感的温馨。

爸爸的心跳声透过身体传到我的耳朵里，我认为那是世间最美好的节奏，是最温暖人心的旋律。傍晚的风已完全褪去了午后的燥热，带着些许夜晚独有的寒气，似乎是为夜晚的到来奏响的序曲。但我丝毫没有感到冷，因为爸爸的体温正温暖着我，包裹这我，心里面是满满的温暖与幸福。

有时，我会嚷着让爸爸给我讲故事。时而是美人鱼，时而是白雪公主，但无论是什么其实都无关紧要，因为我都会听得入迷，因为我总是从一开始就吵着累，不为别的，只为能安心趴在爸爸背上，听着故事。路窄窄的，但足以容下我和爸爸的身影。

恍然间，六年过去了，无情的时光染白了爸爸的头发，刻深了爸爸的皱纹，将他身上的棱角磨平，将他的风华正茂变成成熟稳重。可时间在爱的面前是苍白无力的，无论过多久，都无法改变爸爸对我无尽的爱：每天早上出门时，总会在客厅的桌子上看见爸爸给我留的纸条："今天冷，多穿点。早餐在桌子上，趁热吃。"每个埋头苦读的夜晚，总会听到一阵轻微的响动，一回头，空空的桌上留着一杯热牛奶，在灯光的照耀下氤氲着热气。而我转头望去，只见爸爸略显佝偻的身影缓缓走出。每当这时，我总会情不自禁地任记忆回到那条小路，回到那些年趴在爸爸背上听故事的日子。现在，我又站在那条小路上，依旧是路，依旧是我，但再也回不到当初了，但那些日子已成为我记忆中最温暖的触电，每当触及，总有一阵暖流流过。

关　爱

许美煊

关爱是一片冬日里的阳光，使饥寒交迫的人感到人间的温暖；关爱是沙漠中的一股清泉，使濒临绝境的人重新看到生活的希望；关爱是一首飘荡在夜空里的歌谣，使孤苦无依的人获得心灵的慰藉；关爱是洒在久旱土地上的甘霖，使心灵枯萎的人感到情感的滋润。

关爱，就是关心爱护，它在我们身边无处不在。我们每个人都需要关爱，生活上少不了关爱。

在一个凉爽的周日，天空万里无云，灿烂的阳光照耀着大地，不时吹来阵阵微风，是个游玩的好天气。妈妈带我和弟弟去公园玩，路过了一条街道。街道上来来往往的车辆川流不息，一片繁华的景象。可是，我们很快就注意到和谐之外的画面：路边有一个小女孩儿，她没有双脚，坐在一个小滑板上，靠写字来乞讨。她的面前有墨有纸还有一个装钱的小铁桶，手里拿着一支毛笔，写出七个大字：祝大家幸福平安。字写得可真好看！大家纷纷停下来问她："你的爸爸妈妈呢？"女孩儿沉默了一会儿。她泪流满面，抽泣地说："一……一场车祸夺走了我的爸爸和我的双腿，妈妈……又身患重病，需要用钱。大家都不招童工，我只好来乞讨。"我想，她这么可怜，失去了父亲，母亲又生病，身体又残疾。我一定得帮助她。妈妈看着我，明白了我的心思，说道："去吧。""嗯，我一定要帮助这个小女孩儿！"我坚定地说。"我先来，我捐十元。祝这位小女孩儿的妈妈早日康复！"我大声地说。大家听了，也纷纷献出了爱心。

如果世界是一间小屋，那关爱就是一扇窗；如果世界是一艘帆船，那关爱就是船帆；被人关爱是一种美好的享受，关爱他人是一种高尚美好的品质。

我 习 惯 了

李秋沂

爸爸的那句"我习惯了"，总会勾起我幸福的回忆。

小时候，我很贪玩，总把我的玩具放在最底下的柜子，每次去拿玩具都得低头去取。

有一次，我要去取玩具玩，刚要低头，旁边正津津有味看电视的爸爸就突然走到我旁边，蹲下来。就在我的头伸进柜子的同时，爸爸的手也莫名其妙地跟过来，轻轻地放在我头上。等我拿起玩具，抬起头，刚要走，爸爸的手才一起伸出来。开始我还以为爸爸也在拿东西，就没太在意。可让人迷惑的是，我一要去那个柜子里取东西时，爸爸温暖的大手就会摸我的头。那次，我又在取东西，爸爸一如既往地伸出他的手。我不禁好奇地问："爸爸，为什么你在我取东西的时候总要摸我的头呢？"爸爸先是愣了一下，然后就笑了，他慈爱地摸我的头，温和地说："我习惯了。"我对此事仍是疑惑不解：难道爸爸还有摸人头的习惯？

直到那次，我心中的谜团才解开。那次，爸爸也蹲在那个柜子里取东西，调皮的我想和爸爸开个玩笑，我蹑手蹑脚地来到爸爸的身后，悄悄地把手放在爸爸的脑袋上。开始我还以为很好玩，可当爸爸一起身时，一阵钻心的疼痛传来。等到爸爸出来时，我的手才迅速伸出，我望望手，被磨出了一条深深的红印。疼得我号啕大哭。爸爸转头，见我哭，他握着我的小手，着急地问："怎么了？""我学你把手放在……你的头上……结果……手好疼啊！"我当时哭得连话也说不清楚。"傻孩子。"爸爸替我抹去眼泪，他又转身去帮我拿药膏。

那一刻，我突然明白了：原来爸爸是不想让我的脑袋碰到柜角，才把手放在我的脑袋上。我心头一热，泪水再次模糊了我的双眼。多少次了，爸爸一直这么做，那他的手该磨出多少红印啊！当我问他时，他总说习惯了。他这个雷打不动的动作，只是为了一个字——爱！

其实，父爱无处不在，有时它只是一个不经意的动作……

温暖的手掌

陈醋，酱油

赖庭亮

童年是一朵芬芳四溢的鲜花，一个装着小秘密的五彩缤纷的宝库；又是一条清澈透明的小河，一个色彩缤纷的梦。

记得那天，爸爸妈妈都去上班了，只剩下我孤苦伶仃地守着空荡荡的房子。

"哎呀，饿死了，饿死了，都下午了，你们俩还不回来！"我自言自语地抱怨着。我打开电视，想像曹操望梅止渴一样，借着电视里精彩的动画片来忘掉饥饿。

时间一点一点过去，近两点了，我再也忍不住了。于是我心想：妈妈和爸爸不回来，我要"自力更生"自己做饭养活自己。

说干就干，我打开冰箱门，从里面拿出了两个鸡蛋、一根葱、一根香肠和一盘昨晚吃剩的米饭，想做一锅蛋炒饭。我上次在爸爸炒饭的时候，站在一旁"偷师学艺"。虽然不知道自己做得怎么样，但不试一试怎么知道呢。

我拿着这些食材走向厨房。首先，将香肠和葱切好，备用。然后，把蛋打在一个碗里搅匀。接着把油倒入热锅，待油升温，把蛋液倒入锅中炒熟。然后把米饭、香肠倒入锅中翻炒。炒着炒着，"咦，好像忘了放什么。"我说。原来，是忘了放酱油。于是，我匆匆忙忙地拿起酱油倒了一勺。最后，撒上一把葱花。"啊哈哈哈哈，蛋炒饭完成啦！"。

这时，爸爸回来了。"唉，什么东西，这么香啊？"爸爸说，我回答道："是我自己做的蛋炒饭，你尝尝吧。"爸爸尝了一口，眉头皱得紧紧地，说："哎哟喂，这么酸，你放了什么啊？""酸，怎么可能，难道……"我边说边走到厨房，"哎呀，是我把陈醋当酱油倒在锅里了。"爸爸看着我，笑了。我也不由地笑了。

唉，想起小时候的琐事，自己也不时会发笑，童年是多么的美好啊！

赶　　脚

吴启弘

　　大人到什么地方，小孩子也要跟着去，去不成就耍赖皮，发脾气，这种行为在我们家乡称之为"赶脚"。

　　一年暑假，姨妈来我家住几天，要妈妈帮她家几天忙。头一天，我就看出了些眉目，寸步不离。怕她们半夜开溜，一晚上我都竖着耳朵，眨巴着眼睛，不放过任何风吹草动。

　　妈妈见我如此"精诈"，知道麻烦又来了。妈妈要赶时间，老甩不掉我这破包袱，生气极了，把我拖进房间，往楼上搭了梯子，拼命地把我拖上去，她却自己下楼抽梯，紧锁屋门，扬长而去。大概是她早就料定一到中午爸爸忙完农活就会回来，我也不至于在上面待一天。所以她走得毫无顾虑。

　　想到自己被扔在一丈多高的半空中，我哭得声嘶力竭，但无论如何，都得想办法追上她们。我仔细观察楼梯口，楼梯口下正对着门，门半开着，如果我把腿使劲儿往下探，就可以踩在门沿上，可万一摔倒了呢？我也顾不了这么多了，我马上就往下摸索，不一会儿，我就下来了。

下了楼，外面下起了大雨，我抓起一把伞就往外冲，冲了一段路，想到这一去不知多少天，暑假作业不能不带，又折回家背书包，顾不上大雨滂沱，一路飞奔……

不知跑了多久，前面出现了俩打伞的人，正是妈妈她们，我松了一口气。不过我不能让她们发现，这里离家不太远，发现了她们就会把我赶回家，于是，我始终和她们保持一里开外的距离。

不好！她们停下来了。我一看，原来是她们遇上熟人了，那人住我家隔壁，认得我。只要她大声一喊，她们就会听见。四下秃秃，无处躲藏。

这时，崖边一截树桩映入眼帘。我连忙蹲在树桩后，缩成一团，尽管这样，她还是认出了我。我看了她一眼，默然无声，见我这样，她猜出了八九分，偷笑着走了。

我马上赶了上去，功夫不负有心人，到底让我赶上了。这时已经走出了三四十里，我不再躲藏，等妈妈发现我的时候，也没办法赶我回去，只好把我带上。

小时候，我总是一个跟屁虫。

勇敢，停留在心间

王仙娇

　　世界上最动听的声音，莫过于母亲唠叨的话语；世界上最令人感动的时刻，也是母亲为子女操心的时候。母亲的爱，或许不是最伟大的，但她却能给孩子力量，能给孩子勇气。

　　儿时的我，不敢滑旱冰，不敢骑自行车，不敢接触人们口中"可爱的"小动物，因为在我小小的心灵里，这些"小可爱"都是可怕至极的。那小兔子，毛茸茸、圆滚滚的身体，很是惹人喜爱，俘获了人们的心。可我却认为小兔子一点也不可爱，甚至觉得小兔子可怕，它那红水晶般的眼睛，像是在告诉我们什么不好的消息。对那时的我而言，这世界就是可怕的，处处危机四伏。

　　记得小时候，我不敢独自睡一个房间，妈妈千哄万哄，我勉强答应妈妈让我独自睡的请求。那天晚上，景色很美，黑夜中几颗明星闪烁着，撩人心弦的明月在黑夜里陪伴着那几颗星星。银白色月光照在我的床头，微风卷起了淡淡的花香，花香在空气中弥漫。我静静地躺在床上，内心很不安。我数着窗外那几颗星星，这时候妈妈静悄悄地关了灯，顺带将房门也关了。我的心跳一下子加快了，扑通扑通……我害怕地紧闭着眼，呼吸不均匀。但我也明白总要学会独自睡觉。我努力调整好呼吸，让自己放轻松一些。

不知过了多久，我依旧没有入睡。这时，我的房门被打开了！我害怕极了：是有什么怪物进来了吗？我直冒冷汗，眉毛也"哭"成"八字形"了。黑暗中，我能隐约地感觉到那"怪物"慢慢"飘"到我身边。突然，一只手轻轻地搭在我的肩上。"啊！"我一下子坐了起来。灯开了，咦？不是怪物，是妈妈啊。妈妈把我搂在怀里，安慰道："孩子别怕，没有什么是可怕的。瞧！天上的那几颗星星一闪一闪的，其实是在说梦话，它们一定做了美美的梦吧！星星在漆黑的夜空中也能睡好觉，你也能像星星一样啊。没有什么是做不到的，你要勇敢。"听完妈妈的这一番话，我心中涌起了一股无名的力量，它让我变得勇敢了。害怕呢？害怕好像飘到了九霄云外。

那股力量就是源于母爱吧？是的，不管在何时，遇到任何困难，只要有妈妈在，只要想起妈妈的这番话，我就没有什么做不到的。

温
暖
的
手
掌

那件令我难忘的事

蓝夏琳

童年，本是人一生中最快乐、最无忧无虑的日子。然而，那件事却让我无法快乐。

记得那是一个星期六的下午，我从朋友家回来。那时正值盛夏，太阳公公在天上，尽情地释放着它的毒辣。我一个人走在回家的路上，撑着一把小破伞，它当然一点用都没有。我感觉自己行走在沙漠中。要是有一个冷饮店该多好啊！老天好像听懂了我的心声，在拐角处几个大字映入我的眼帘——"悠悠冷饮店"。我如箭般冲向冷饮店门口。

到了那儿，空荡荡的门口，空荡荡的口袋提醒着我，没有资格坐在空调房里享受冷饮带来的快乐。我顿时像腌了的茄子一样，垂下了头。可是外头也太热了吧！就进去一下，我不买，反正我进去又不用付他们的电费。我在心里想着。我一咬牙，把门拉开冲了进去。一进门，里面的凉爽让我想在这儿呆一下午！看着收银员和店里的人付钱、买单。反正没人看到我，不然我偷偷拿一瓶吧。想着，我把小手伸进饮料柜里。这时，一道声音在我头顶响起："你在干什么？"我心里一惊。他扳正我。这是一位叔叔，脸上严肃的表情好像要揭发我。我害怕极了。但是预料中的责骂并没有下来。而是对我说："我知道你很渴了，但是做人要有原则，得不到的东西不能私自去拿，这样做不对。这瓶饮料叔叔替你买了。下次别这样了。"看着手里的饮料，我的眼眶湿润了。

这件事过去那么多年了，至今让我快乐不起来。我终于明白，无论在何时，在让别人不"快乐"时，也许更不快乐的是自己。

意　外

曾丽娜

　　有人说幸福是"临行密密缝，意恐迟迟归"的牵挂；有人说幸福是"爆竹声中一岁除，春风送暖入屠苏"的团圆；也有人说幸福是失败后热情洋溢的一声鼓励……

　　"丁零零，丁零零……"放学了，而教室里却只有我那失望的背影和被泪水打湿的考卷。"时候不早了，回家吧！"一个同学喊道。此刻，我的心如刀绞般，想：这么差的分数，要是让妈妈知道，可不得把我"吃"了。

　　迈着沉重、不情愿的步伐走在小巷里，这时，雷公电母也来凑热闹，仿佛这糟糕的环境都因我而起。大雨像瀑布一般，天和地之间仿佛隔了一道窗帘。回到家后，妈妈忧心如焚地说："你看你都淋成'落汤鸡'了，快喝杯开水，暖暖身子。"我害怕极了，完全不敢直视妈妈的眼睛，仿佛一场"灾难"即将来临般，我的心像揣着一只小兔——七上八下，手抖得厉害，我不想破坏爸妈的好心情，但泪水还是像断了线的珠子般不争气地落了下来。

"呀，宝贝，你怎么哭了？还一副无精打采的样子？"妈妈焦急地说道。我吓得哑口无言，喉咙像插了万根钢针，硬是说不出话来，直接冲进了房间。"嘎吱"一声，意料之中，妈妈又要像审判犯人那样审问我。"对不起，妈妈，我这次模拟考成绩不……"话未说完，妈妈就把我拥入怀中，温柔地说："傻孩子，不用因为模拟考成绩差就失魂落魄，你现在要做的就是将问题找出，对症下药。"

这时，爸爸也走了进来，笑道："这点小事算什么，人生路漫漫，困难多了去了，你要勇敢去面对，去克服它，快把卷子给我看看，咱们一起找一找问题。"话音刚落，妹妹也闻声而来，我心里咯噔一下，想：要是让妹妹知道我这成绩，她岂不是会嘲笑我？原来那高大的形象也就此在她心目中磨灭……忐忑不安中，妹妹竟嬉皮笑脸地说："姐姐你永远是最棒的，还有我给你垫底呢！"妹妹这一自黑，逗得全家哈哈大笑。

看着眼前幸福的一幕，我的心涌起了一股暖流，暖意融融；心像扒开了云雾，像春风吹开了心扉，心中的忧愁顿时抛到了九霄云外。

期末考试之后

肖南辛

记得那是一次期末考，我的语文成绩中等偏上，英语也从来没让家人操心过。可是，我本来就不擅长的数学，就更是凄凉了。

那天领完成绩单后，我的脑子像一团乱麻，感觉自己被抛弃在了一个与世隔绝的地方。回想起自己在考试前的骄傲：一点儿也不要复习，我这次也可以考好。然而事实并没有我想的那样好，这样的成绩怎么见父母？我硬着头皮回到了家，把试卷一扔，钻进了房间，开始准备两个月大长假的快乐生活，把成绩这事抛到了九霄云外，又怎么可能想订正试卷。

可是，等到爸妈回来后，考卷被爸爸看到了。

爸爸和蔼地说了声："孩子，出来下，爸爸想和你好好聊聊。""等我看完这集再说，好不容易暑假了。"我大声喊道。

接着在外面的父亲猛地一拍桌子："你给我出来！"我自然是出来了，可是仗着语文和英语这两科的成绩，我还是昂首挺胸的。

爸爸又平静地问："数学怎么会这么差。"

"差就差，反正我语文英语考好了，二大于一！"我理直气壮地说。

唉，爸爸叹了口气，用一副恨铁不成钢的语气说："那倒不假，可是，如果算总分的话你可比别人差了几个档次。"

父亲把考卷拿了过来，仔细地分析考卷上的错题，父亲问："这么简单的题你也会错？"

"就是粗心啦！"我无所谓地说。

"不，这是基础不扎实！"父亲的声音高起来了，"基础好比建筑的地基，如果地基不扎实，再高大的建筑也会倒，你知道吗？"此时我的眼泪像断线的珠子一般，流个不停。这次期末考试，让我深深体会到父亲的用心。

是的，每当我骄傲又马虎的时候，父亲的话总会在我脑中响起。

红薯的香气

王宸琴

当清晨的凉风吹过我的书桌，我总会想起那一个清晨的阳光，想起那个热烘烘的烤红薯。

外婆，您还记得吗？那是一个冬天的早晨，天空中云雾迷茫，远处的房子隐隐约约，像是在玩躲猫猫，浓浓的大雾更添了一些寒意。我瑟缩地伸了一个懒腰，开始写作业了。

"你起来了呀！不要睡了吗？"

"不睡了。"我有气无力地说道，"我还要写作业呢！"

"那你先吃饭吧。"您走到我身旁，和蔼地说道。

"不吃！"面对您的问候，我有点不耐烦了。您只好默默地离开了。不一会儿，我的肚子"咕咕"地响了几声。我顿时感到饥饿向我袭来，可是想到刚才的对话，我碍于面子并没有对您说，只是不停地写作业。又过了一会儿，我的手渐渐变得冰凉，身子冷得直打哆嗦，我多么想有一个既能吃又暖和的东西啊！

"快点，我给你烤了一个红薯，快拿去吃吧！"您的双手捧着一个圆滚滚，热气腾腾的东西朝我走来。这时我发现，您的腰背微微佝偻，急匆匆的样子更显出脚步蹒跚。我的目光落在您手上的烤红薯上。啊！是我最爱吃的烤红薯。我接过红薯："呀！好烫呀。"我一下子把红薯扔在桌上。

"烫吗？那我给你吹一下吧！"说着，您拿起红薯，放在嘴前，轻轻地吹着，似乎不觉得烫。不一会儿，红薯不烫了，拿在手里，暖和极了。一股清香扑鼻而来，让我垂涎欲滴。我剥开皮，一大片金黄的"肉"映入我的眼帘，我轻轻地咬了一口，那股甜味从口里慢慢地融入我的心里。而您在一旁，微笑地看着我。我顿时觉得这个红薯是我吃过的最好的东西。

太阳从东边升起，阳光洒在我的身上，我暖和极了。

那红薯的香气，永远留在我的心里。

半夜的灯光

叶佳皓

　　母爱是春天的雨露，悄悄滋润我们的心田，母爱是我们生活的港湾，让我们有了依靠……

　　进入小学生活后，我总是一遍又一遍地写着作业。"想玩，想放松心情，但没时间啊！"我拍着脑袋说道。我把自己按在椅子上，烦躁的心，呆呆地望着数学考卷：只见那白白的卷子上，都是我的心烦。愣了一会儿，开始检查练习册！糟——那些字眼，一个个仿佛会跳的甲骨文。我想用心去做作业，然而我做不到——我的心如麻花。我手在写作业，可耳朵竖得长长的。母亲洗衣服的声音，让我有些抓狂。我像见了红布的牛，冲着门直喊叫：别吵，别吵，好烦！

　　母亲告诉我当时的憨态：我活像只愤怒的鸭子，矮矮的，见人就唠叨。

爸爸已经缩在暖暖的被窝里睡着了，发出呼噜声。在做作业的我，像条虫扭来扭去，越是这样越是烦躁。母亲进来了，一边抚摸我的脑袋，一边打趣："肥（母亲希望我胖些起的小名），你爸跟我说，我前几天去福州开会，你跟在爸爸的后头，像一头小绵羊般乖巧温顺，对你爸爸的话是言听计从，频频点头。昨天我一回来，你就三百六十度大转弯，你怎么了！理都不理你老爸。你爸很有挫败感。"我沮丧地说："妈，我心烦，不能安心地做作业。"她摸着我的头说："心静，你就不烦了。"

我平息了心中的烦躁。再写起作业时，我开始专注认真起来，母亲进进出出，无数次地问我："肥，吃香蕉吗？""肥，喝水不？""吃点橙子么？当时，我的手上还抓着一个硕大的苹果。

作业做完了，我伸了个懒腰，推开门，走出来，活动活动筋骨。——在不经意间。在客厅的沙发上，母亲依靠着枕头，看得出，母亲很疲倦，眼皮在打架，我端起一杯水，坐在母亲身旁，"妈，这么晚还不睡啊！"眼眶的眼泪模糊了我的视线。"哦，我睡不着，你这么大了，还不让人省心啊。"母亲嘟囔着，她的眼睛充满血丝。母亲就把灯开得很亮，也习惯陪着我做作业。钟表"滴答！滴答！"——晚上十一点了。

是啊，灯光撒下光亮，是我们在黑暗的方向标，灯光像母亲一样，温柔瞩目。虽平凡，但是包含的是无数对孩子的爱啊！

落叶带给我的思考

伍佳颖

秋，在人们眼里是一个美丽的季节，又是一个丰收的季节，而在我眼里，它是一个思索的季节。

走在乡间的小路上，秋风吹过我的脸庞，那是一种使人放松、亲切的感觉，让人感觉到充实与快乐。

我来到了一片小树林，一抬头，满世界都是金色的，美极了！走在这样的金黄的秋天里，难免不让人感到忧伤……

为什么我不能够和父母在一起？为什么我一定要学会独立？为什么我不能做一个永远长不大的小孩儿，天天陪着父母？

突然，一片一片的枯叶落在了我的肩上，它是那么的轻盈，像蝶飞舞一样，可它似乎又没有蝶舞那样精彩。那是落叶，落下的叶子，我看着它，看着它慢慢地从我肩上落到地上。我清晰地看见了，它笑了。它蜷缩起娇小的身躯，构成了一个笑脸。

"落红不是无情物，化作春泥更护花。"落叶它并不是无情的。只要你抬头就能看到，树上挂满了果实，那果实便是落叶的重生，落叶的一切。它们这样无声地来到这世间，靠的是它的母亲——大树。树给了它营养，呵护它成长。它为了能够结出硕大的果实。

落叶知道感恩，人又何尝不是呢？我们离开了父母的呵护，学会独立，为的不就是想像落叶一样，在自己成熟之时，为自己的父母做些什么，感恩父母吗？为的不就是让自己长大后能让父母过得更加快乐幸福？

秋雨，在不知不觉中下了起来，我仍在这棵树下，看着落叶一片片落下，在这棵树下，我陷入了深思……

散　步

黄佳烨

　　林业新村的后面有个沿河步道。我和朋友说好去走走。

　　午后，路上只有我俩，我打开音乐，放了《秋日私语》，乐声不大，两个人边走边听。

　　深秋的阳光一点都不烈，祥和得像个慈善的老人。走了一会儿，我们到了一棵桂花树下，阳光透过树叶的缝隙洒在地上，形成光斑。风吹过，点点桂花落在我和朋友的脚旁。阳光正好，微风不燥。一旁居民区的栅栏上爬满了藤蔓，上面是青色的百香果，朋友望着一个干瘪的果实，笑着唤我："快看这个！"那个百香果尚未成熟，外壳却早已皱到一起，我摸着百香果的皱褶，良久，"可能是没了营养吧。"我猜，没了关爱的孩子也会萎缩的。"我可是那个小青果！"我笑了，"我也是！"朋友也笑了。

朝前走。几棵桂花树，桂花橘红橘红的，就像是秋天的颜色。浓郁的桂香让我做着深呼吸。听大人说是丹桂。很少见。朋友拿出了纸巾，在地上拾了点桂花。不停地放在鼻端，嗅着，笑着。到了前面的亭子，我们坐了下来，朋友将桂花包好，收起，当宝贝，说带回家做洗手液。我们朝河边望去，看见那河里渔夫在绿水里撑杆划船，悠然安闲。岁月静好，年华无伤。

"三角梅！"朋友叫出声来。我看到一小簇三角梅爬上了一户人家门口的矮墙，红艳艳的。门前是修剪整齐的矮灌木丛，一旁摆了些盆栽，屋旁还有一张石桌，再加上是别墅的原因，有种经过岁月洗礼的复古风，让这幢房子增添了与其他人家不同的韵味。

再朝前走，便是大片的草坡了。我们坐在草坡上，一向话痨的我们话竟然少了起来，阳光洒在了我和朋友的脸上，安然，温和地抚摸着我们，我们齐齐地仰躺在草地上。闭了眼，我的内心沉静了，什么都没想。

蓝的天，美的景，闻桂香，浴秋阳。这样，真好！

秋

杨　烨

"空山新雨后，天气晚来秋。明月松间照，清泉石上流。"每当我吟诵王维的《山居秋暝》时，我便情不自禁地闭上双眼，一幅幅秋日风景画，便生动地呈现在我的眼前。

一场秋雨来得酣畅淋漓，似乎要冲走夏带给我们的焦躁与不安，当秋雨降临到大地上，弹奏出一个个悦耳的音符，它正在告诉着我们，秋天正迈着步伐向我们快快跑来……

秋天的银杏叶是金灿灿的，它不是平日我们所见那种没有光泽的黄色。那路灯照着的银杏叶格外耀眼，它似乎黄得有些骄傲，黄得又有些含蓄，宛若一幅刚刚出自大师手中的一幅精美的油画，栩栩如生，每一缕线条，弯曲的斜度，就像数学中的函数图像，每个都是这么的刚刚好，完美无瑕地展现在我的眼前。

秋天小溪里的水也似乎比往常的更加清澈了许多，清澈见底的小溪倒映着碧蓝的天空，一眨眼，天空中翱翔的雄鹰带着它的小幼鹰似乎在溪里嬉戏。小溪它会笑呀！欢快地流着，拍打着岸上的卵石。吹奏出一曲悠扬的交响曲。

秋天的风时常夹带着几丝小雨，冲荡着人们内心的污秽，洗涤着世间万物。凉凉的秋风扑打着我的脸颊，轻嗅着风里带来的泥土的芳香，看看大自然给予我们丰富多彩的景象，轻轻挥起双臂，仰起头，合上双眼，似乎自己也化身成为其中的一朵小花儿，一片枯叶，一颗果实。深深融入秋的生命中……

"秋天"两个用笔墨轻轻勾勒几笔的季节，是你将美好的祝福留在人间，之后便拂袖远去，只留下银杏树在空中摇曳，叶儿将随着你四处漂流，最后飘然落下，给人续下淡淡秋思……

我爱你，秋天。

温暖的手掌

温暖的手掌

黄 奕

秋风，消逝了夏日的酷热，蓝水晶一般的天空与群山相映，曲折的小路隐蔽在山林中，不知何处才是尽头。

我抬手挡挡依旧耀眼的阳光，惊叹："这山好高啊！"父亲在一旁笑着说："上去吧！"

我踏上阶梯，刚走了几十级，就气喘吁吁。父亲转回头，在远处看着我。我咬咬牙，快步跟了上去。

山上的景色十分幽美。虽已入秋，可绿色却始终坚守自己的阵地，深的，浅的，密的，疏的。棱角分明，宛如屏障一般巨大的岩石，星星点点地分布在疏林中，构成一幅壮丽的山景画卷。

到了阶梯尽头我向上看去，裸露着的岩石好似露着狰狞的笑容，而底下的悬崖就像一个无尽的黑洞，让人心惊胆战，几十米远的地方有着人工建造的阶梯，两旁的红色扶手上锈迹斑斑，让人不禁怀疑它是否还可以承担起自己的使命。

父亲已经就着凹凸不平的岩块爬了上去，我犹豫地看了一眼底下的悬崖，心中一横，慢慢爬上石壁，两手扶着微凸的石头，一只脚向上蜷起，寻找到合适的落脚点，再用力向上蹬，到了一定高度后，就该横跨岩壁到对面去。

我小心翼翼地站起来，下意识地往下看，这比刚刚看得还要可怕许多，底下宛如深渊，山体几近垂直，我害怕得心都像跳到嗓子眼，脚不由自主地打着战，父亲回过头来，拉着我的手说："不要往下看。"

拉着我的那只手很大，掌心里有着常年干活留下的一层厚厚的老茧，粗糙的皮肤泛着微热。那一瞬间，我心中的无尽恐惧消散了，我紧紧地抓牢父亲的手，抬头仔细地看着前方的路。一步一步地跟着父亲的步子前进着。

突然我一个不注意，踩了空，整个人差点栽了下去，那双大手有力地牵着我，我借力站稳，父亲步子慢了下来，脚向外摆三十度，踩在了一块凸起的岩块上，牢牢站着，"来，就像这样走，不容易摔。"我照做，真的过来了。

当我踩在阶梯上时，我拍拍胸口，后怕地看着走过的称不上路的路。父亲在前面催促着我扶着扶手，轻缓地移动脚步。

父亲的爱，爱到了骨髓里，爱到了血液里。这份深沉的爱，是最容易被遗忘的，我们长大的同时父母也渐渐老去，我们应该好好珍惜这能把握父母温暖的手掌的日子，不要将他们的爱遗忘在时光中。

窗　外

赖雨欣

也许你每天都在忙碌的两点一线中生活，不曾发现生活的乐趣。在你烦闷的时候，打开窗户，静静地欣赏窗外的美景，亲临大自然，你会发现生活其实绚烂多彩。

我也是在一个偶然的机会，发现了这般小天地。

一幢老房子，我童年居住的回忆。在书房的斜后方有一扇窗户，平常很少打开。一个枯燥的下午，吱啦一声，缓缓地将窗户打开。呀！好清爽，茶花的清香掺在空气中，映入眼帘的是一幅如画般的美景。画的中央便是一棵亭亭玉立的茶花树。我家的茶花与众不同，别家的花早已在争芳斗艳，它却还在沉睡。年幼的我，比她还着急，不停地浇水，每次嘴里都嘀咕着"这花肯定有问题，还没睡醒"。就当别的花渐渐凋谢，它却在枝头开起了花，这真是突如其来的喜悦。几天不见，她居然全部绽放了，树上开满了大大小小、深深浅浅的花朵，还有蜜蜂在花下跳起了华尔兹，应该是在庆祝花儿的盛开吧。这棵树还有一个看点就是它的个头，人们都说雨后春笋长得快，我觉得我家茶树也不赖，嗖嗖嗖的向上蹿，如果不是及时修剪，可能都已经顶到二楼阳台了。这棵树的周围还有许多别的小株的茶花树，个头也是长得特快，大概是土壤的关系吧，今天才到小腿，明天都在膝盖上方了。看着这些大小茶花树竞相生长，我不禁为她们的生命力而折服。

我家窗外的茶花树，有着顽强的生命力，走过她，你会情不自禁地停下欣赏的脚步，这也为窗外的景色增添一番色彩。这窗外的一切，仿佛上天赐予的，在你烦闷之时，供你欣赏。你不妨也看看你家窗外，你一定也会发现一个你喜欢的小天地。

那一抹色彩

邓　嫄

　　人生就像一幅画，或五彩斑斓，或黑白相交，总有那一抹色彩让人印象深刻，在人生中留下浓重的颜色。

　　那是在一个下午，一阵秋风凉凉地刮过，在室外透气且正盯着渐落的夕阳发呆的我猛的晃过神来，我看向远处的钟，"没想到还有半小时！"小声地喃喃自语道。看着脚边放着的行李箱，想着这是我自己一个人去外婆家。拉着行李转身走进了候车大厅，过了安检，我找了个候车位坐下等车。

　　不一会儿，检票时间快到了，人流突然多了起来，在候车位上看书的我也依依不舍地从书中精彩的情节离开，手朝一旁的行李箱方向伸去。"咦？"我奇怪地看向手伸的那空旷地方，之前在那的行李却早已不见了。我愣了愣神，迅速地向四周搜寻，却全然不见行李箱的踪迹，我的心已经绝望到了冰点。看着大厅石英钟上的时间一点点向发车时间靠近，焦急得流下了泪水。

在我手足无措只顾着流眼泪的时候，一位身穿黑色风衣的姐姐走过来，拍了拍我的肩，"小姑娘，怎么了？""我的行李箱不见了，我等的车时间快到了。"我着急得声音带着哭腔。"要不我帮你找找？"我胡乱地点了点头。她向我询问了行李箱的特征，然后坚定地说，"小姑娘你还是先在这等着，我叫人一起帮你找。"说完便转身走了。我懵懂地看着那位姐姐离开的方向，算了，也没指望能找回来，就在一旁找了个位置坐了下来。

转眼，快到发车时间了，可那姐姐还没有来，我心里早打点好了一切：大不了就回家！忽然，有个穿黑衣服拉着橙色行李箱的身影在向我飞奔而来。越来越近，是那位姐姐，她把行李箱放在我面前，"小妹，你的行李箱，快去坐车吧，时间到了！"我呆呆地看着失而复得的行李箱，还没等我反应过来，她已经快速跑开了。抬头刚想道谢，却只看见一抹黑色的背影融入人群中。

那虽是一抹不亮丽的黑色身影，但在我心里却是一抹绚丽多彩的色彩，虽如风般飘来，如风般拂去，但在我心里却留下了不可磨灭的印迹。

温暖的手掌

那一道风景线

罗　璇

有人说，小桥流水、鸟语花香是大自然的一道风景线；有人说，顽强不屈的花草树木是生命中的一道风景线；有人说，雪地上那一串串似雕塑般的脚印是一道风景线；我说……

那是今年暑假，我随父母去杭州旅游回来，在长途汽车站准备乘车回家。旁边一阵喧哗，走过去一看，原来是一个中年男子捂着胸口倒在地上，口吐白沫，并且不停地抽搐，之后便没了动静，不省人事。就在大家都手足无措的时候，一个娇小的蓝色身影挤入人群，冷静地说："大家别慌，我是医生，让我来看看他怎么样了。"她先是蹲下身，把脸凑近中年男子，用手抬起男子的眼皮，似乎在观察男子的病情，随后，她神色平静，似乎心里有了正确答案，她摆正身子，准备进入工作状态。她先给男子做心肺复苏，然后将男子的头枕在自己的膝盖上，在众目睽睽之下，毫不嫌弃地给男子做人工呼吸，大家不由得向她投去赞许的目光。时间一分一秒过去了，她额头上的汗珠密密麻麻的，一滴一滴直往下落，弄花了她精致的妆容，她却丝毫不在意，继续专心致志的救人。此时她用自己的实际行动，向大家展示了她的职业精神——敬畏生命，正是秉着这样的信念，她一直在努力想尽一切办法让男子苏醒。终于，功夫不负有心人，半个小时过后，男子醒了过来，这个女医生舒了口气，大家也都放松了下来，都向她投去赞许的目光。她笑了，笑的如此灿烂，感染了周围全部人，热烈的掌声在长途汽车站里久久飘荡……

这位白衣天使额头上密密麻麻的汗珠就是一道靓丽的风景线，她那颗纯真的心，乐于助人的奉献精神，敬畏生命的信念，如一抹和煦春风吹进我的心田。那一刻，一个想法在我心头涌起：只要你有一分爱心，哪怕只是一次小小的付出，就会构成一道引人注目的美丽风景线！

我喜欢的那道风景

王方蓉

　　大千世界里的我们，身边总有许多美丽动人的风景，它们在春夏秋冬中不停地变换着，而我所喜欢的，便是雨后的老家了。

　　老家在江南的一个小村庄里，每年的暑假我都会回去一趟。夏季的天气往往是多变的，一会儿可能艳阳高照，一会儿便是乌云密布了。比起艳阳高照，有着十分晴朗的天气的老家，我更喜欢雨后的老家。

　　这是为什么呢？每当夏天的淅沥小雨开始的时候，村庄也都清凉了起来，这雨，也不是什么倾盆大雨。它并没有那种从内而外都散发出一股"男子气概"，那么的刚劲。这雨，是极具柔和的，不使人烦闷，"淑女气概"尽现无遗，它柔美地降临于这人世间，不是连绵不断，下起来没完，它对世界温柔以待，给大家带来了清凉，客观存在降临于每一片树叶，每一棵嫩草，每一朵鲜花，每一棵果蔬。因为它的到来，整个村庄变得好似一幅风景画，它浇去了人们心中的哀愁，浇去了人们心中的躁动，十分的舒服。

雨后的村庄，便是更美了。并且留下了一个个专属于它留下的痕迹——小水坑。雨，洗去了泥石板路上往日的尘埃，"啪嗒、啪嗒"人们穿着雨鞋走在这小路上，小孩子们卷起裤脚，穿着雨靴开心地在水坑里跳，水花溅了出来。大人们一点不生气，反而是慈祥地告诉他们小心点儿。接连不断的雨滴"滴答、滴答"顺着屋檐慢慢滑落，草木的枝叶里的水分都到了饱和的状态，显示出过分的，过于夸张的旺盛，树叶的颜色也更鲜绿了起来，花朵也都被雨水淋得湿透了，小花们娇翠欲滴，十分惹人怜爱。空气也清鲜了起来，一切都是那么的美好。

这不仅仅是一场属于老家的雨，更是人们留在心头的美好的回忆，纵使这雨是平常的，却有属于自己的美。我酷爱雨中的老家，更爱雨后的老家，它让我的身心得到舒展，仿佛思想被过滤了一般，它是极其美好的。我仿佛看到圆润的雨滴，跳入那个专属于它的那个小水坑，漪涟一圈一圈的荡漾……

这便是我所喜爱的雨后的老家。

感恩，我的好老师

李　昕

"感恩的心，感谢有你，伴我一生，让我有勇气做我自己。"三尺讲台上，是背影伟岸的您；灯光照射下，是默默工作的您；学生成功时默默流泪的，是自豪的您；学生挫败时，是自责的您……

记得那是一个周末，刚从外地听完课回来的您，把我叫到了跟前。只见您满身灰尘，一脸疲惫，脚边放着一个破旧的行李箱。见我一到，您就迫不及待地问我："我不在的时间里，同学们的学习情况怎么样？"我说："挺好的……" 老师十分欣慰，脸上浮现出久违的笑容，他挥挥手对我说，"好，那你先回去吧。"走到校门口时，我转头一看，只见老师拖着沉重的步伐，缓缓地走回宿舍，我不禁鼻子一酸，泪水模糊了我的眼睛。

您既有慈爱的一面，又有严厉的一面。有一段时间，因为我的骄傲自满，没有严格要求自己，对学习松懈了，导致成绩下降。您了解情况后，严厉地对我说："你是个懂事的孩子，当知'谦虚使人进步，骄傲使人落后'的道理，古人尚懂'学习如逆水行舟不进则退'，你该好好反省一下自己。"老师的话语不多，却如一记闷棍。我眼前一黑，是啊，我怎么会变成这样一个人？顿时我的脸变成了一个调色盘，不禁潸然泪下，低着头小声说道："老师，我错了！"您的脸色又转而变得慈爱了："知错能改，善莫大焉。"您又帮我理了理被泪水黏住的碎发，温柔地说："好了，只要你努力，不放弃，一定会成功的！"老师抚摸了一下我的头，转身走了。我似乎看见一个散着光的如父亲一般伟岸的身影。

此后，我努力着，我知道，有老师您的眼睛在时时盯着我，在我需要的时候给我鼓舞和帮助，我不能让您失望。谢谢您，我永远的老师！

温暖的手掌

伞下的温情

李　越

"丁零零……丁零零……"一声声急促的闹铃将我从睡梦中惊醒，我揉了揉惺忪的睡眼，然后向闹钟瞥了一眼，"啊！怎么这么迟了。妈，妈，你怎么不早点叫醒我。""妈，咦！人呢？"看到那空荡荡的房间，才突然想起老妈和老爸昨天已经出差了。

我快速地将乱蓬蓬的头发理顺，一手牛奶，一手面包，朝着公交站一路狂奔，终于到了公交站点，我长长地出了口气。

我踮起脚尖，伸长脖子，盯着公交车来的方向，突然阴沉沉的天空下起了雨。"糟了，之前太急，忘了带雨伞，这可怎么办？"正当我一筹莫展时，头顶的雨突然"停"了。我抬头一看，原来是一位老爷爷正一脸慈祥地对着我微笑，手上的伞向我倾斜了大半，他的肩膀和背部已经淋湿了。看着老爷爷，我不禁想起了我的爷爷。我的爷爷也是位慈祥又很疼爱我的老人。他每次外出旅游，总是记着给我带些小礼物或当地特色食品。在家，我被老妈责骂时，爷爷总是护着我，为我说话。可我之前从来没有对爷爷说过一声谢谢，想到这些，我不禁低头流下了愧疚的眼泪。老爷爷和蔼地问："小姑娘，你怎么啦？"我说："我没事，谢谢您，老爷爷。"

这时公交车进站了，大家一窝蜂地往上挤，而瘦小的我却被挤到了车门边。车门无法关上，大家都责怪我并劝我下车。正当我左右为难，孤立无援的时候，耳旁传来一声"大家往里挤挤吧，这孩子赶着上学，再不走便要迟到了。再说她没有带伞，外面下着大雨，还是我下去吧。"我循声望去，正是那位刚刚为我撑起一片晴天的老人。

这件事虽然已经过去了许久，但那让我感受到的伞下温情，一直滋润着我的心，让我不停地向上、向善。

一路与他同行

黄　翱

　　在我的路上，遇见了他。他，在生活中是我最要好的朋友；在学习上，他是我强劲的对手。

　　每一次的周周清、月考和期末考我们都要一较高低，竞争最为激烈的是数学这门学科。我们都是数学老师眼中的尖子生，都希望用自己最拿手的数学来为自己加分。但每次的结果都不同：有我赢，有他胜，甚至有时还平分秋色。

　　那一次，我们一起被数学老师选中去参加数学竞赛。我暗想：这次在最高水平的考试卷下，我一定要把你扳倒！虽然不知道他是怎么想的，但他脸上的仔细与骄傲无不透露着想要把我击败。我微笑道："你这次周周清好像比我低呢，不知你能不能应付的来？"他也不甘示弱地说："我记得某人的月考总分比我低三分呢！还自诩'数学最好的男人'。唉，希望他别'死'得太难看。"这比赛还没开始，我们之间的火药味便十分的浓了。我冷哼一声，说道："谁'死'谁'活'还不一定呢，咱们考场上见！"他也说道："走着瞧！"

在我们的期盼下，数学竞赛终于来了。为了打败他，我这几个星期铆足了劲儿，下了不少功夫。考试开始了！试卷一发，我便从容不迫地做了起来。俗话说："知己知彼，方能百战不殆。"所以，我时不时关注下他的动态。

考卷越做到后面，难度就越大。我做到最后一题时，惊呆了：那一个个熟悉的字眼，那熟悉的图案，就连问题都一字不差！这题我曾经遇见过，当时我没有解出来，可因为那时贪玩，并没有多理它。考场上，我还是没有找到正确的解题思路，我拼命去找切入口，可就是没有结果。我十分焦急，一心只想打败他。可我越急，答案似乎就离我越远。反观他的情况也不太好，他似乎也遇到了"拦路虎"。最后，我放弃了挣扎，在监考老师的催促下，懊丧地交了卷。心里想道：唉，这些天的努力功亏一篑了！成绩出来了，我们居然奇迹般的战成平手。我俩相视一笑，心里又在想着在下一次的考试中击败对方……

可如今，他转走了。我的身边就少了一位真挚的朋友，一位可敬的对手。但是他的精神还在，还在与我斗争，还在与我决一死战。他，将一路伴我同行！

哦，差点忘了。这位与我同行的对手名唤杨东方！

舞蹈带给我的快乐

黄雨涵

伤心时，跟它诉说；有烦恼时，向它发脾气；高兴时，把快乐分享给它……这是我的旅途伴侣——舞蹈。

一个浅浅的微笑，一个自信的跳跃，是它带给了我真正的快乐。

从小我就喜欢舞蹈，但我不善于与他人交流。面对陌生人总是害羞地躲在妈妈的身后。妈妈知道我喜欢舞蹈，也期望舞蹈能让我更自信、更阳光，她给我报了舞蹈班。仅有四岁的我，融入不到大集体里去，但我是班上最认真、最刻苦的女孩儿。老师很欣赏我，当她表扬我时，心里虽然高兴，但总是表现得很淡定。

记得那是我七岁那年，一样沉默的我，一样的一堂课。经过两年的努力练习，我的舞蹈功底成了全班最好的一个。虽然是这样，但我依然还是不善于表现自己。"今天我们需要练习后滚翻！"同学们都"哇，哇"地叫着。只有我沉默不语，其实我内心也很紧张。老师见我这么淡定，走到我跟前说："雨涵，你来试试吧。"怎么办！我怕翻不好，怕摔疼。这时，黑魔鬼与白天使的斗争开始了："没事，勇敢尝试吧，说不定你能成功呢！""不行不行，要是失败了得多丢脸啊！大不了就对老师说我不会。""人生就像这样，只有经历磨难才能见彩虹！"对啊，白天使说得对，不试试怎么知道你行不行呢！这一战，黑魔鬼败下阵来。我从容地走向前，听着老师的口令："下腰，手弯曲。""把手臂落在地上。""双腿紧绷。""用力一蹬。"我居然成功了。同学们为我欢呼："好样的！你太棒了。"我笑了，第一次在舞蹈课上露出开心的笑容。同学们纷纷围过来请我帮忙，我教她们方法，这一次，我成功了，我体验到了前所未有的快乐。

一个华丽的转身，一个踮脚！你带给我自信，让我收获成功的喜悦。谢谢你，舞蹈！是你带给我快乐！

我 爱 汉 字

王斯佳

　　汉字是中华民族的标志，从仓颉造字的古老传说到一百多年前甲骨文的发现，再到今天，几千年的文化旅程，汉字如一颗耀眼的星星闪烁着璀璨的光芒。

　　上学期，我参加了学校组织的汉字听写集中训练。我第一次认认真真地去翻阅字典，查阅每一个汉字；第一次发现汉字家族如此庞大，原来自己还有那么多生僻字不认识；第一次认认真真地去解剖每一个汉字，感受着它的无穷魅力。比如，"马"是一个象形字，如同一匹昂首嘶鸣、举足向前的骏马，人们依照马的外形设计了这个字，并在时间长河的推移中逐渐演变成了我们现在使用的"马"字。再如"海"是一个会意字，当把每一滴水都汇集在一起时，就形成了"海"。中国汉字大约近十万个，而常用汉字仅几千字。在汉字听写集中训练中，我接触到了许多生僻字，常常是记了忘，忘了再记，但闲下来用心去看那些字，真的能感受到古人的聪慧，将那些字分解开，在脑海中似乎出现了一幅幅画面。

但今天，汉字书写似乎逐渐被淡化了。随着电子产品的普及，键盘打字、电子阅读逐渐代替了我们的手写、纸质阅读。曾经有这样一篇报道，现在有百分之六十的白领都有"提笔忘字"的现象。我认为这真的很可悲，作为一个中国人，连自己的母语都不会书写了吗？

这学期我们学了一篇感人的课文《最后一课》，讲述了法国的阿尔萨斯因为战败被迫割让给德国，法国人民只好被迫学习德语。在最后一堂法语课中，激起了人们的爱国情怀和对母语的热爱。母语如同我们身上流淌的血液，汉字如同我们的肌肤，无论身在何方，都不能忘，就像《最后一课》文章中所说的"语言是打开监狱大门的钥匙，就算是亡了国也不能忘记祖国的语言"。

汉字是中华文化中一颗绚丽的明珠，它流进了我们血液中，我爱中华，我爱汉字。

传承古老的血脉

兰婷婷

中国，一个拥有五千年璀璨文化的文明古国，有着太多太多辉煌和辛酸的历史，有一点，无可否认——这片世界东方的沃土，孕育了多少奇迹。

且不说这片土地山清水秀、人稠物穰，单是她这上下五千年所创造出的瑰宝，就引来了无数人的目光，被世人深深地敬佩。

中华文化源远流长，像清茶，像陈酒，沁人心脾、醇厚绵长。便是我们祖先的伟大创造。它们或遒劲有力，或娇媚柔美，千姿百态。有的"飘若浮云，矫若惊龙"，有的似随意挥洒，有的似龙飞凤舞。若是出自名家翰墨的手笔，则更加不同凡响：俊俏、秀气、灵动、呼之欲出，使人的视觉犹如进行了一场奇妙的旅行。

汉字是世界上最优美的字体，用它写成的文章当然是最精简、最优美、最动人、最能吸引人眼球了。每一句话语都有深刻的内涵，都能迸发出智慧的火花。无论语气还是声调，都使人倍感亲切。同时，它还具有音乐美，就像一首婉转动听的歌。

古人用汉字，极其讲究，既要注意韵脚，还要写得意味深长，耐人寻味。尤其是诗，是语言的钥匙，打开智慧之门，进入精神殿宇。在这里，我看到了"举杯邀明月，对影成三人"的寂寞与惆怅，看到"春风又绿江南岸，明月何时照我还"的期盼和无奈，还有"鸡声茅店月，人迹板桥霜"的静谧和悲凉。更有"明月几时有，把酒问青天"的伤悲，"黄沙百战穿金甲，不破楼兰终不还"的豪迈，"萧萧几叶风兼雨，离人偏识长更苦"的凄美。千古绝句，提炼人生，浸润心灵。

千年文化，造就"礼仪之邦"。

自古以来，中国便有"礼仪之邦"的美称。孟子曾说："养老尊贤，俊杰在位，则有庆。"讲的就是尊老敬贤。尊老，就是尊重老人，让他们安享晚年；敬贤，就是敬重有才能的人，使之更上一层楼。关于礼仪，《礼记》中还有一句话："礼尚往来，往而不来，非礼也；来而不往，亦非礼也。"说的是礼尚往来，告诉我们，往来要平等，只有互相尊重，世界才会更加美好。

可是，如今，这些都到哪儿去了？信息时代，一切都变了样，书本上是方方正正的铅字，书法爱好者也越来越少；"诗词"前，加上了"古"字，人们写诗的形式，不再是"五言""七言"，而是一排排参差不齐的文字；"礼仪"不再是"礼仪"，而变成了"正能量"原本是普遍的，现在却需要大力提倡。中国文化，渐渐淡化，她的容颜，正在衰老。

现在，我们需要——传承中华文化，共筑精神家园！

唠　叨

罗悦珑

人的一生，仅仅是一个爱与被爱的过程。当我们呱呱坠地时，就会有一种伟大无私的爱萦绕在我们身边。它无处不在，让你肆意索取，坦然接受。

唠叨，便是母爱的一种。

每天早晨醒来，便迎来母亲的第一句："呀！起床了啊！快快快！快穿衣服，天有点凉了，衣服给我多穿一些，感冒了我可不带你去医院，反正难受的是你！"还没等我开口，又来了："哎呀！怎么穿个衣服这么慢？我饭都吃完了，还不快点刷牙洗脸吃饭，快点啊！马上就要迟到了，你看看你……"妈妈的话丝毫没有要停下来的意思，反而有点儿像和尚念经一般，喋喋不休的，但的确让我的动作快了起来。

我无数次想让妈妈出差去，让我快长茧的耳朵休息一下，却不曾想到等来了这一天，我却后悔了！

那天，妈妈出差去了，一觉醒来便是七点十分了，我立刻翻身下床，一边穿衣服一边抱怨这该死的闹钟早不坏晚不坏，偏偏妈妈不在家时坏了，然后便急忙刷牙洗脸，嘴里叼着一块面包，手里拿着一袋牛奶，背上书包，穿好鞋子，火急火燎地上学去了。

呼！还好没迟到！我舒了一口气，但灾难却还没完，数学书和政治书忘带了！恰好早上又有数学课，我心里暗叫一声：该死！不过，幸好我朋友多，找别的班的同学借来了数学书来上课，幸好老师没发现这不是我的书，不然又以为我没做书上的作业，拿别人的书来顶替，那我又得被罚了。

好不容易熬过了这一天，可下午放学时，我竟连打了三个喷嚏，像是感冒了的样子。可也怪自己，将妈妈的唠叨视作耳边风，左耳进右耳出，不然会多穿几件衣服定不会感冒的。

果然，回到了家，我又打了一个喷嚏，妈妈冲出来，"你看吧！我才离开半天你就感冒了，你自己去找医生，别来找我！"嘴上虽这样说，却倒了一杯热水递给我，还没喝下去，一股暖流便涌上了心头……

大爱无言，母爱如水，这种爱，温柔而深沉；这种爱，无私而伟大！